El caso Rosy

El caso Rosy

Alessandra Carati

Traducción del italiano de
Ana Ciurans Ferrándiz

Lumen

narrativa

Papel certificado por el Forest Stewardship Council®

Título original: *Rosy*

Primera edición: febrero de 2025

© 2024, Mondadori Libri S. p. A., Milán
© 2025, Penguin Random House Grupo Editorial, S. A. U.
Travessera de Gràcia, 47-49. 08021 Barcelona
© 2025, Ana Ciurans Ferrándiz, por la traducción

Penguin Random House Grupo Editorial apoya la protección de la propiedad intelectual. La propiedad intelectual estimula la creatividad, defiende la diversidad en el ámbito de las ideas y el conocimiento, promueve la libre expresión y favorece una cultura viva. Gracias por comprar una edición autorizada de este libro y por respetar las leyes de propiedad intelectual al no reproducir ni distribuir ninguna parte de esta obra por ningún medio sin permiso. Al hacerlo está respaldando a los autores y permitiendo que PRHGE continúe publicando libros para todos los lectores. De conformidad con lo dispuesto en el artículo 67.3 del Real Decreto Ley 24/2021, de 2 de noviembre, PRHGE se reserva expresamente los derechos de reproducción y de uso de esta obra y de todos sus elementos mediante medios de lectura mecánica y otros medios adecuados a tal fin. Diríjase a CEDRO (Centro Español de Derechos Reprográficos, http://www.cedro.org) si necesita reproducir algún fragmento de esta obra.

Printed in Spain – Impreso en España

ISBN: 978-84-264-3103-5
Depósito legal: B-21189-2024

Compuesto en M. I. Maquetación, S. L.
Impreso en Unigraf, S. L., Móstoles (Madrid)

H431035

Para Davide

Desde allí, a través de la barandilla,
veo todo sin ser vista.

Annie Ernaux

Un sofá blanco esquinero, una alfombra de estilo oriental y, sobre la alfombra, una mesita de madera; una estantería marrón con algunos libros y un televisor en el centro, tres cuadros colgados y otro apoyado en un estante; a la izquierda del salón, la cocina, que comunica con el garaje, que también hace las veces de lavadero, organizado de manera meticulosa, casi profesional; a la derecha, el dormitorio, con una gran cama de matrimonio de estilo rústico. Setenta y cinco metros cuadrados perfectamente ordenados.

Una mujer mayor abre los cajones, las puertas de los muebles, hurga en los armarios de pared, en el trastero, en los roperos. La vigila, de pie en el umbral, una pareja de carabinieri. La mujer se da prisa en poner en una maleta grande ropa de invierno, zapatos, lo que encuentra, al tuntún, sin fijarse. Sabe dónde están las cosas, pero no las elige, la tarea que le han endosado la confunde, o mejor dicho, la indispone. ¿En qué debe creer?, ¿en los rumores que circulan por el pueblo —individuos diabólicos, pareja de autistas, masacre— o en la confianza que les tenía? Eran sus vecinos, le regalaban un montón de cosas, aunque no entendía por qué, si para quitárselas de encima o porque eran generosos; sobre todo ella, la mujer.

12

La nevera está abarrotada: yogures, embutidos, quesos, toda clase de salsas, botellas de vino, de Coca-Cola; en el congelador, pollo y pintada troceados, chuletas. Todo abocado a caducar. La mujer llena tres bolsas grandes. Las regalará a la residencia de ancianos, o mejor aún, a los sirios de la puerta de al lado, que tienen dos niños pequeños. Pero antes quitará la carne: es muy cara y, al fin y al cabo, son musulmanes.

En medio del patio, en el suelo, a la vista de todos, lo que queda de la casa: la maleta, la comida y, aparte, dos huevos, porque dentro de las bolsas podrían romperse.

Falta algo. La mujer entra de nuevo. Registra con más vehemencia, casi con rabia por lo que se niega a admitir: a esos dos no los vio venir. Se sienta en la cama para recuperar el aliento, con la pantorrilla roza un objeto pequeño, redondo. Se inclina y ahí, a sus pies, ve algo en lo que nunca se había fijado: una hilera de pequeños cajones con pomos minúsculos. En su interior, ocultos debajo de la ropa íntima, trescientos euros en metálico y las alianzas de boda, aún guardadas en sus cajas. Ahora sí que está todo lo que pidieron en la cárcel.

El coche patrulla sale del patio sin hacer ruido.

La familia siria tirará las bolsas a la basura, porque ellos no aceptan comida de asesinos.

Un niño juega con los huevos abandonados.

Ahora bien, la imagen ya no puede imaginar lo real,
pues ella misma lo es. Ya no puede soñarlo,
pues ella es su realidad virtual.
Es como si las cosas hubieran engullido su espejo
y se hubieran hecho transparentes para sí mismas,
totalmente presentes para sí mismas,
a plena luz, en tiempo real,
en una despiadada transcripción.

JEAN BAUDRILLARD

En las casas de vecindad típicas de Lombardía, los pisos dan a un único y amplio patio interior. Cerrado a los lados y con una sola entrada, el patio es un espacio delimitado con exactitud que puede vigilarse desde un único punto, un sistema habitacional que funciona como un panóptico invertido: desde cada casa puede verse quién entra sin ser visto, ocultándose detrás de las cortinas o retrocediendo. Este campo visual sin interrupciones hace el patio más seguro y al mismo tiempo lo convierte en una trampa. Desde su propia ventana, cada vecino penetra en la vida de los demás, en sus más mínimos detalles, observa sus horarios, desplazamientos, peleas, invitados. Una intrusión a veces involuntaria e indeseada. Y aunque las paredes medianeras limiten esa intrusión, los ruidos se propagan por todas partes gracias al vacío del patio central; en una casa con patio se oye todo. Es imposible mantener algo en secreto. Carece de la sombra que, en el fondo, ofrece protección.

La pareja vivía en el edificio desde hacía seis años, en un bajo con entrada independiente. A esa ala la llamaban «la casa del hielo», *giazzèra* en dialecto, porque en invierno los campesinos la llenaban de nieve y la usaban como una enorme nevera.

No tenían hijos. Él era barrendero y ella trabajaba en casas por horas. Sus horarios se adaptaban a las necesidades de cada uno: él siempre pedía el mismo turno, de las seis de la mañana al mediodía, comía en casa, descansaba y luego la acompañaba al trabajo; ella no tenía carnet de conducir y mientras él trabajaba se ocupaba de las tareas domésticas. Como un engranaje bien lubricado, la vida de pareja fluía sin tropiezos. Luego, al piso de arriba llegó una chica; unos años después, su novio, y al poco, un hijo.

Los dos se habían quejado del jaleo y los gritos que se oían a través de las finas paredes que los separaban, y de cómo una vez habían tenido que intervenir porque no querían que alguien saliera mal parado. Desde abajo se oía todo; decían que también temían por el niño, de poco más de un año.

El 11 de diciembre de 2006, a eso de las ocho de la noche, la joven, su hijo, su madre y una vecina que vivía en el último piso fueron asesinados en el interior de la casa. Solo sobrevivió el marido de esta última, gracias a una desviación congénita de la carótida. A las mujeres les fracturaron el cráneo, a todos los apuñalaron en el cuello y las lesiones eran muy parecidas: complejas, cercenadas, producidas al mover con insistencia la hoja dentro de la herida. Tanto el perito de la fiscalía como el asesor técnico de la defensa mencionaron la palabra «degollar». Por último, prendieron fuego a la casa.

Quienes acudieron al lugar en las horas siguientes —sanitarios de emergencias, bomberos, carabinieri— pronunciaron las palabras «matanza», «carnicería», «infierno» y «horror»; un enfermero se desmayó a la vista de tanta sangre esparcida. En los informes de los peritos aparece repetidamente el adjetivo «cruentísimo».

El olor se había notado prácticamente enseguida, una mezcla de cosas quemadas: plástico, madera, papel, carne. Los cuatro mil litros de agua que la autobomba descargó para extinguir el incendio bajaron por las escaleras, hasta el patio, transportando toda clase de residuos. Y sangre.

Tras el suceso, los inquilinos tenían miedo. Cruzaban la verja, iban derechos a sus casas, se ocupaban de sus propios asuntos. Cuando no podían esquivar las preguntas de los periodistas, declaraban que no sabían nada de la noche del 11 de diciembre, que no habían oído el más mínimo ruido. Si los presionaban, revelaban algún detalle, pero enseguida se arrepentían y pedían que no los mencionaran, que no publicaran sus nombres.

La única que no los eludía era ella. Hablaba por los codos. Contaba todo lo que sabía, y si algo no encajaba o se contradecía con lo que había declarado el día antes, los periodistas se lo hacían repetir desde el principio.

El 19 de diciembre apareció por primera vez en un periódico local. Su marido y ella no estaban en casa aquella noche, declaraba, es más, si hubieran estado también habrían acabado involucrados. Contó, además, que había tenido una pelea con la joven vecina: «Yo sacudí una alfombra en el patio y ella se puso a gritar, no sé por qué... en fin, discutimos. Luego me volcó el tendedero y una silla que yo había puesto allí y me dio dos bofetadas. No tuve fuerzas para reaccionar, era más corpulenta que yo y me caí como un saco de patatas». Por suerte, su marido salió en su defensa, pero la otra también se cayó —¿la empujaron?, ¿resbaló?, las versiones se contradicen— y los denunció.

Los demás vecinos siempre prefirieron no mezclarse con esa ala del edificio. Callaban incluso cuando las discusiones se ventilaban en el patio, cuando los insultos y las palabrotas entraban por las ventanas abiertas. La joven y su marido se peleaban sin parar y quienes vivían a su lado acababan engullidos por su vorágine.

El 6 de enero un periódico local le dedicó media página. El periodista escribía que con ella se podía hablar largo rato, mientras que su marido cohibía un poco. Cuando le preguntaron si sabía que los investigadores sospechaban de los vecinos, sorprendió a los cronistas rebatiendo la alusión: «Os equivocáis, nosotros no tenemos nada que ver. Nos han interrogado como a todos los demás. Incluso les dijimos a los carabinieri: "Si tenéis algo contra nosotros, decidlo". Pero está claro que no; si lo tuvieran, ya nos lo habrían dicho». Su marido y ella estaban tranquilos, tranquilísimos, no habían hecho nada y no tenían nada que temer, que les hicieran un análisis de sangre, por favor. Aquella noche habían salido a cenar sin haberlo planeado porque su marido es así, le dice que tiene ganas de salir y salen. ¿Que adónde fueron? A Como, a una pizzería cuyo nombre no recordaba (más adelante se descubriría que era un McDonald's). A la vuelta encontraron el patio lleno de bomberos y carabinieri.

Luego volvía a las peleas entre la joven y su marido: «¿Quién dice que se llevaran bien? Ella quería quitárselo de encima. [...] Pero no me tire de la lengua, que nosotros tenemos que vivir aquí y esta casa nos ha costado muchos sacrificios; aunque quisiéramos irnos, porque tenemos miedo, no podríamos permitírnoslo así sin más, chasqueando los dedos».

El 8 de enero, a eso de las diez de la mañana, la mujer se escabulló de casa; debía recoger un par de zapatos que había llevado a arreglar. Por nerviosismo, se olvidó la bufanda. Reinaba la quietud, la piazza del Mercato estaba vacía. Delante de la puerta del zapatero, antes de entrar, sacudió la cabeza con obstinación, como hacen los perros para escurrirse el agua de las orejas.

Dos minutos después, envuelta en el ambiente cargado que olía a cuero y sudor, lloraba frente al mostrador. Un llanto desenfrenado, infantil a ojos del zapatero. Una de las familias con las que trabajaba tenía niños pequeños, ¿qué pensarían de ella?, ¿la echarían? Tenía miedo de perder el trabajo, y si perdía el trabajo, ¿cómo pagarían los plazos de la hipoteca y de la autocaravana? Una autocaravana pulcra, cuidada con primor y mantenida como nueva que tenían aparcada delante de su casa. Los periodistas aporreaban las ventanillas, algunos le arrojaban piedras, la llamaban asesina. No podía más.

«¿Quién le hace eso? ¿Quién la molesta?».

Ella callaba. Cuando le pedían que diera detalles precisos, un nombre, que concretara, abría los brazos. En el pueblo decían que:

era una chismosa, una cotilla, que hablaba por los codos;
no conseguía contar dos veces lo mismo de la misma manera: las cosas acaecían primero en un sitio y luego en otro, a veces incluso en momentos diferentes;
costaba tratar con ella, confundía las cosas y no había forma de que reconociera que se contradecía;
si cuando era pequeña hubieran existido los profesores de educación especial, sin duda le habrían asignado uno;
a veces ponía una inquietante voz de niña.

Ese mismo día, a las dos de la tarde, los detuvieron.

El coche patrulla dejó el edificio con precaución para no atropellar a la gente que se agolpaba delante de la verja. Habían llegado desde todos los rincones de la provincia con pancartas y mensajes que pedían que no tuvieran piedad con la pareja. Gritaban y se enardecían los unos a los otros: merecen pudrirse en la cárcel; no están locos, son malvados; lo suyo sería la pena de muerte.

Ellos iban sentados detrás; los carabinieri, delante. Ella llevaba una bufanda alrededor del cuello, él un chaquetón de color verde militar desabrochado que dejaba al descubierto una barriga prominente.

Poco antes, en casa, ella, desesperada, había interpelado a los carabinieri:

—¿Por qué decís que fuimos nosotros? No hemos hecho semejante barbaridad.

—No lo decimos nosotros, señora, por desgracia son los periodistas quienes...

—¿Queréis quedaros con nuestra casa? Quedáosla. Aquí están las llaves. Pero ¿por qué decís que fuimos nosotros?

—Nosotros no hemos dicho que haya sido usted o su marido. No podemos replicar a los periodistas. Estamos aquí para defenderlos a ustedes.

Y antes de eso, muy nerviosa, enfrentándose a los micrófonos: «¡No somos asesinos! ¡No somos nada!».

Al final, el coche se detuvo delante de la valla de la cárcel del Bassone, a cuyo través se entreveía el edificio, macizo y desconchado. Antes de hacerlos bajar del coche, uno de los dos carabinieri les deseó buena suerte sin levantar la mirada.

En el interior, los presos reclamaban a la pareja para darles su merecido: entregádnoslos, verán lo que es bueno. Golpearon los barrotes con cucharas durante toda la noche; exigían que ella corriera la misma suerte que el niño: que le rebanaran el pescuezo. El director ordenó la incomunicación de la pareja, su vigilancia permanente y que les sirvieran las comidas aparte para evitar que los envenenaran. No podían arriesgarse a que no llegaran vivos al juicio.

El 10 de enero, ya recluidos en la prisión del Bassone, los dos confesaron el crimen y se convirtieron en «los monstruos de Erba».

En mayo, tras cinco meses de prisión preventiva, se retractaron de sus confesiones y se declararon inocentes. Tras revocar el mandato al defensor de oficio, encargaron la defensa a un abogado de confianza.

El día de la celebración de la primera audiencia, un año después de la detención, al amanecer ya reinaba el caos en el exterior del palacio de justicia: una larga fila de personas quería asegurarse un asiento; más de cien periodistas se repartirían al azar entre la sala de audiencias y la sala de prensa. Ninguna jerarquía establecía la proximidad con los asesinos para poder mirarlos a la cara, en vivo.

Cuando llegó la hora de entrar, los carabinieri escoltaron a la pareja a través de los sótanos del edificio hasta una jaula, de dos metros de largo y cuatro de ancho, dispuesta a la izquierda del estrado. Con ocasión del juicio la habían pintado de amarillo y aún olía a pintura. Ellos, en el centro de la escena, llevaban puesta la misma ropa que vestían en el momento del arresto.

Antes de empezar, el presidente del tribunal penal concedió diez minutos a los fotógrafos, incluidos los que se habían quedado fuera de la sala de audiencias. El asalto fue fulminante, las ráfagas irregulares, solapadas, incesantes. Quienes lo conseguían metían los brazos entre los barrotes para fotografiarlos más de cerca. Ella se puso de cara a la pared y bajó la mirada; él, impasible, ni siquiera parpadeó.

A lo largo del tiempo que duró la vista, la pareja observó lo que pasaba primero con desinterés, luego con atención infantil y finalmente intercambiándose sonrisas indescifrables. Estuvieron cogidos de la mano todo el tiempo. Ella le acarició las muñecas cuando le quitaron las esposas, le acomodó el cuello de la camisa debajo del jersey, de color beis, y le puso un mordisco de pan en la boca; luego arrimó las rodillas a las de él, apoyó la cabeza en su hombro, y se acurrucó a su lado con las mejillas encendidas. Él posó una mano sobre el muslo de ella. Se susurraron cosas al oído y se sonrieron.

Así se había expresado la prensa:

«Tiernos "monstruos" sin lágrimas: la pareja se comporta en el tribunal igual que en el salón de su casa».

«Rosetta y Olly, más pendientes de tocarse y olerse que de seguir la vista, [...] las carantoñas de Rosa y Olindo provocan urticaria, [...] sus caricias no conmueven ni enternecen. Dan rabia. Su amor es perturbador, como los mensajes que él le escribe desde la cárcel: "Te quiero, dulce esposa, y siempre te querré". [...] Diabólicamente juntos para defender su tranquila y aséptica vida en común».

«Los dos, con sus caras de animales comunes, juntos en la jaula. [...] Él le acaricia el muslo, enfundado en los inevitables vaqueros que, como impone el mal gusto dominante, luce a pesar de estar metida en carnes. Exhiben, ante el público que llena la sala de audiencias, gestos tranquilizadores de una rancia ternura conyugal, pero no por eso menos irritantes [...]. Olindo y Rosa han querido mostrarse por lo que son, esto es, gente corriente. *Ordinary people*. [...] Son gente que no piensa, que no lee, que no sueña, que no juzga. Gente que solo pasa. [...] Quizá debería reprimir el desprecio instintivo que me provocan sus expresiones idiotas y opacas, obstinadamente faltas de pensamiento».

«Una pareja de autistas, habida cuenta de que el mundo no existe para ellos [...]. Lo suyo es una comunicación de circuito cerrado, una comunicación que parece pasar a través de imperceptibles estímulos eléctricos transmitidos de un cuerpo a otro, más propia de ser interpretada por el etólogo Lorenz que por el doctor Freud. [...] Cuentan que en los días que siguieron al delito ella era la dominadora. Ahora ya no. Los papeles se han invertido. Es evidente. Ahora la esfinge es Olindo. Una esfinge con mocasines de verano y calcetines blancos. [...] Si no surgen sorpresas, estos serán los últimos días que vivan juntos, con su inútil cogerse de la mano».

El 26 de noviembre de 2008, Rosa Bazzi y Olindo Romano son condenados a cadena perpetua y a tres años de aislamiento diurno bajo la acusación de asesinato múltiple con la concurrencia de las circunstancias agravantes de premeditación, motivos fútiles y ensañamiento; profanación de cadáver con la concurrencia de la circunstancia agravante de ocultación; homicidio en grado de tentativa con la concurrencia de la circunstancia modificativa agravante de disfraz; incendio en grado de tentativa y tenencia ilícita de armas con ánimo de usarlas.

La sentencia se funda en tres pruebas de cargo: las confesiones de la pareja, la identificación de Olindo Romano por parte del superviviente y una mancha de sangre de una de las víctimas hallada en el embellecedor de la puerta del Seat Arosa de la pareja; referidas en este orden.

En 2010, el tribunal milanés que recibe la apelación de la sentencia la ratifica en segunda instancia, y en 2011 el Tribunal Supremo hace otro tanto. Así los describen los jueces: «Por último, las palabras de los imputados, obtenidas bien en una escucha ambiental, bien en una declaración espontánea, bien en el curso de los interrogatorios, bien en las frecuentes notas que Romano Olindo escribió en la biblia que le regaló el capellán de la prisión, revelan con crudeza la escalada de unos sentimientos de frustración e insatisfacción que, incubados en soledad a lo largo de los años, sin freno, a causa de la ausencia casi total de relaciones familiares y de amistad, se tradujeron luego en un proyecto atroz de aniquilamiento. Un proyecto atroz vivido como necesario y justo para eliminar todo lo que a ojos de los imputados podía representar una amenaza para su equilibrio afectivo, blindado y autosuficiente, un equilibrio construido sobre una relación exclusiva entre dos que a lo largo de los años nunca ha permitido "intrusiones" y se ha convertido en el único punto fuerte, en la única razón de vivir para ambos, hasta aniquilarlos como individuos y obligarlos a reconocerse solo en la dinámica de pareja. Tanto es así que no demuestran un ápice de arrepentimiento por sus actos, carecen de estímulos afectivos hacia todo lo que los rodea y solo reaccionan emotivamente cuando se les presenta la perspectiva, para ellos insoportable, de tener que prescindir el uno del otro».

En uno de sus últimos días como persona libre, Rosa Bazzi aparece detrás de la verja del patio. En chándal y calzada con zapatillas de felpa, camina hacia el objetivo de la cámara hasta agujerear las rejas y ofrecer un primer plano. Mientras se acerca, sonríe: «¿Podríamos cerrar, por favor?». Usa el plural, pide permiso para hacer valer un derecho que tiene, pues son los periodistas quienes se han introducido en un patio particular. Desde un balcón llega la voz de una anciana: «¡Échalos de una vez! ¡Ahora mismo llamo a los carabinieri!».

Ella se dirige a los periodistas, «Se quejan», y abre los brazos, dando a entender que no es ella quien quiere echarlos, sino los demás vecinos. En su rostro aparece una expresión de satisfacción, como si disfrutara de que la estuvieran grabando; su mirada, pese a cruzarse de pasada con la cámara, delata orgullo.

En adelante, los periódicos y los telediarios de todas las cadenas utilizarán sin parar esa imagen, que apenas dura veinte segundos, hasta cuatro veces en el mismo reportaje.

Los hechos existen si un testigo los presencia.
Sin testigo, ¿quién puede contarlos?
En último término, podría incluso afirmarse que el hecho
no es nada de por sí y que el testigo es lo único que cuenta.

Cormac McCarthy

Cuando ingresan en la prisión del Bassone, inmediatamente después de ser detenidos, se les aplica una medida preventiva de carácter excepcional y muy restrictivo: la vigilancia directa. Un celador penitenciario no les quita los ojos de encima y los vigila minuto a minuto para evitar conductas autolesivas. No pueden tener objetos consigo —las celdas están desnudas— y se pasan las horas muertas sin hacer nada. Se eliminan las relaciones sociales y se les priva de estímulos sensoriales.

Olindo está en un módulo de la cárcel que llaman «de observación», ubicado en el segmento final de la enfermería y compuesto por celdas sin ventanas, a menudo vacías. Encerrado todo el día, rumia en la más absoluta soledad.

Rosa también está separada de las demás presas, pero la colocan enfrente del cuerpo de guardia, bajo la estrecha vigilancia de las celadoras. Estas informan de que permanece sentada en el catre durante horas, mirando fijamente el vacío y balanceándose, poco pero sin parar. Les preocupa su salud, pues tras sufrir profundos ataques de llanto cae en un estado catatónico. El director les permite que le dirijan la palabra. Si no duerme durante la noche, la que está de turno charla con ella, escucha sus consejos sobre cuál es el mejor detergente para limpiar los fogones o cuánto tiempo hay que dejar en remojo la ropa manchada. Las funcionarias le piden al director cosas concretas, como que le permita llevar a cabo alguna actividad que la mantenga ocupada.

En marzo, la pareja empieza a reunirse con una psicóloga en el marco de un programa de prevención del suicidio en los centros penitenciarios. Han pasado dos meses desde la detención y a lo largo de ese tiempo se han enfrentado, cada uno por su cuenta, al aislamiento, la pérdida y el estupor. Tras toda una vida juntos, formando una pareja inseparable, han sido catapultados a una realidad desconocida.

«La primera vez ya me habló a rienda suelta —dice la psicóloga—, como si nos conociéramos desde hacía tiempo y yo estuviera al corriente de todo lo que la atañía o la había atañido en el pasado. El meollo de sus discursos eran los vecinos, de quienes se quejaba y contaba anécdotas de otro tiempo, sin dar nombres ni concretar las circunstancias».

Rosa la arrolla con sus palabras, la desorienta, activa una aceleración progresiva que excluye toda posibilidad de comunicación. La psicóloga tarda semanas en tranquilizarla, en frenar la avalancha verbal, en instaurar un diálogo. Lo que más le impresiona es la excitación con la que Rosa la recibe. Tiene un deseo inagotable de ser escuchada; por primera vez en su vida suscita el interés de unos desconocidos que ahora la llaman por su nombre. La psicóloga teme que ese entusiasmo aparente oculte un despliegue masivo de defensas. Traumatizada e inadaptada, ocupa el espacio con la voz para contrarrestar el vacío que la acecha.

Un sábado no se levanta de la cama, se abandona al llanto, indiferente a todo estímulo exterior. Desconectada de todo, flota al filo de la realidad sensible.

Las celadoras la asisten y le hablan —lo hace incluso el director—, tratan de distraerla, de hacerla incorporar. A la psicóloga, cuya presencia se requiere con urgencia, se le concede, de manera excepcional, entrar en la celda. Cuando se quedan solas, la observa sollozar, y observa las paredes desnudas, a excepción de un par de fotos pegadas en la pared:

Olindo —joven y bronceado, con una camiseta morada— muestra al objetivo un enorme bagre brillante abierto en canal; está de pie en la puerta del baño y detrás de él, en el pasillo en penumbra, se entrevé la foto de la plantilla del Milan en la temporada 1990-1991, con Silvio Berlusconi en un pequeño recuadro, arriba a la izquierda;

blanco y negro: Rosa sentada en el pupitre del colegio, con las manos posadas sobre un libro de texto abierto; lleva un babi oscuro, con el lazo y el cuello más claros; los zapatos, cerrados con una gruesa hebilla, están sucios y desgastados; mira al objetivo y parece apretar los labios para contener una sonrisa; una melenita castaña le acaricia las mejillas regordetas, el flequillo está torcido, dos vistosos aretes brillan colgados de las orejas. En la pared que está detrás de ella hay un enorme mapa geográfico de Italia. Su cabeza ocupa el centro del mar Tirreno, entre Cerdeña y Calabria.

Rosa vuelve en sí, se incorpora lentamente; la psicóloga está a su lado. Mira las fotos, la de Olindo, con su trofeo en las manos, hace que sonría. Se tranquiliza. Le dice a la psicóloga que lo que la mata es estar separada de él; la otra no replica.

Con el paso del tiempo, aprende a adaptarse, como todas las presas —es fisiológico, cuestión de supervivencia—, y al mismo tiempo empeora. Sus condiciones, ya mermadas, decaen; alterna momentos de estabilidad con crisis agudas en las que se abandona a un llanto incontenible, sufre de astenia y de insomnio. Durante la noche mantiene conversaciones con una persona imaginaria, pero real para ella, a la que llama «la otra Rosa»: una persona hostil, «mala», que no la deja dormir y la obliga a debatir para protegerse. Se queja de fuertes dolores de cabeza que le impiden descansar, reflexionar, pensar. Tiene el estómago encogido, en un puño. Bebe poco, apenas come. De repente, se golpea las muñecas contra el borde de la mesa y se lastima. Lo hace repetidamente, sobre heridas cicatrizadas que se reabren. La psicóloga no consigue contenerla, Rosa está sobrepasada por un estado emocional que se escapa al control, a la comprensión. Agresiva, exigente y abrumada son palabras que la psicóloga usa para describirla.

Le cuenta que se sintió abandonada por su familia de origen, sobre todo por su madre, que algunos familiares abusaron de ella físicamente, que la obligaron a trabajar cuando era niña. No se plantearon proyectos para ella, no se concibieron sueños ni se trazó futuro alguno.

La psicóloga le pregunta si se imagina una vida fuera de la cárcel sin su marido. No, imposible, no hay vida para ella fuera de allí, y aunque la hubiera, sería invivible, porque las amenazas nunca cesarían. No logra concretar quién o qué la amenaza, pero tiene la certeza de que está en peligro. La psicóloga insiste: «¿Y si la dejaran libre? ¿Si la exculparan?».

«Me gustaría ingresar en un convento de monjas y pasar allí el resto de mi vida. En un convento con barrotes en las ventanas para que nadie pueda entrar a hacerme daño».

Una frase coherente, correcta, sin duda el resultado de una reescritura de la psicóloga, habida cuenta de que es ella quien recalca que Rosa tiene dificultades para comprender, organizar el pensamiento, establecer nexos lógicos, evocar recuerdos y ponerlos en orden. Mezcla hechos realmente sucedidos con fantasías, sin ser consciente de ello, presa de una confusión mental que se intensifica bajo la presión de la ansiedad, de los estados emotivos intensos. Una ideación fantasmática —excesivamente fluida— con pasajes desanclados del plano de la realidad.

Quedan amplias lagunas de incertidumbre cuyos límites nadie se molestó en recorrer con el propósito de recabar datos y hacer una reconstrucción que permitiera comprender más y mejor el alcance del déficit de Rosa, la interacción con sus demás facultades y su presunto analfabetismo, que la psicóloga intuye pero no indaga, y cuyas causas podrían ser atribuibles a una escasa escolarización. «No puedo confirmar con certeza que no sepa leer y escribir —dice—, pero cuando me devolvía las preguntas de la entrevista, las respuestas nunca estaban redactadas por ella, la caligrafía era de otra persona, solo la firma era suya. Había un grave trastorno de la personalidad, problemas clínicos, se imponía una investigación, y no importaba que fueran culpables o inocentes. Estaban a nuestro cuidado y nuestra obligación era ocuparnos de ellos».

En abril sus pensamientos se vuelven suicidas, su existencia está acabada, no vale la pena seguir adelante. Solo quiere puntualizar una cosa: su marido no tiene nada que ver, que lo dejen libre. Estalla en lágrimas, desesperada; la separación la aniquila.

Él le escribe en cuanto puede, en cuanto hay una pequeña novedad, en cuanto sabe que ella vacila, cuando llega a sus oídos que se ha roto un dedo al golpearse con violencia contra el borde de la cama: tesoro, dulce esposa, amor mío, palomita, patito, pequeña, tortolita, dulce capullito de Rosa, ratoncito, querida Rosa Angela, vida mía, luz de mis ojos, mi dulce esposa, alma mía, esperanza de mi espíritu.

Ella vive pendiente de verlo, pide poder cuidarlo como hacía en casa: «Olindo depende de mí para todo». Quiere lavar su ropa, plancharla.

Lo más duro es aprender a vivir el uno sin el otro. Aunque cada uno siga existiendo en su propia individualidad, la pareja ha sido separada y esa separación ha extinguido el único mundo que para ellos era real. Donde no llegaba Olindo, llegaba Rosa. Ella, que no sabe rellenar un impreso de Correos, él que es incapaz de cuidar de sí mismo. Son dos personas que han encontrado una respuesta externa a sus propias incapacidades.

No estaban solos porque existía el otro, pero juntos estaban completamente aislados de todo lo demás. Alejadas las familias de origen, escasas las amistades —los amigos son como los zapatos: cuanto más estrechos, más daño hacen, dice Olindo—, descartado el proyecto de un hijo, quizá porque con los pocos recursos a su alcance habría sido un obstáculo para su propio funcionamiento. La ausencia de un hijo se convierte en objeto de especulación:

    no puede tenerlos
    abortó a causa de un accidente de coche
    tuvo cáncer
    tuvo un embarazo extrauterino.
Luego se convierte en el móvil del asesinato del niño.

Olindo se pasa las horas muertas en la oscuridad de su celda. Se niega a comer, a leer, a salir. Para obligarlo, la psicóloga pide a la dirección de la prisión que la autoricen a entrevistarse con él en el «área de paseo». Caminan codo con codo sobre la hierba rala que deja al descubierto manchas de tierra oscura, o bien se sientan en un banco desde el que puede verse la larga valla fortificada, y, al otro lado, la maleza poco poblada, silvestre.

En las primeras entrevistas se muestra circunspecto, le dice que no confía en los «loqueros» ni en quienes representan a las instituciones. Su tormento son los asuntos del vecindario. Refiere que en repetidas ocasiones denunció los altercados a las fuerzas del orden, que la ojeriza que les tienen viene de lejos; cuenta los abusos de sus vecinos que se vio obligado a soportar y en los que nunca intervinieron, por lo que los considera responsables de lo ocurrido. Todo en él es provocador: el tono, la postura, la gestualidad, la mirada.

Cuando se encontraron por primera vez, él se presentó como «el monstruo de Erba»; la psicóloga descubre que hizo lo mismo en el interior de la cárcel, incluso con los celadores.

Le parece extravagante; nadie que entra en prisión por primera vez se jacta del crimen que le imputan; normalmente los presos no hablan del crimen, o bien lo hacen para subrayar su inocencia o dar explicaciones que atenúen su responsabilidad. Suelen hablar de su desesperación, del trauma de haber sido separados de su familia, de la preocupación por el trabajo y por la situación económica. Un argumento sensato y recurrente. Él, en cambio, es excesivo, tan pintoresco que a la psicóloga se le antoja ridículo. La teatralidad de sus gestos le recuerda la de los niños que agitan en el aire armas de plástico fantaseando hazañas bélicas.

Es el periodo de las sanciones disciplinarias tontas, evitables. Responde de mala manera a los celadores, no mantiene en orden la celda, no respeta los horarios. Traduce en rabia la angustia de la reclusión, del contacto con los otros presos, el miedo que siente por ella. Siempre pregunta por ella, con una aprensión consciente, pregunta por sus condiciones mentales, si come, si llora. Se preocupa solo de pensar en ella. «Si algún día saliera de la cárcel sin mi mujer, no podría vivir. Preferiría quedarme aquí y compartir con ella este destino», le dice a la psicóloga.

No habla del hecho de manera directa, sino que cuenta todo lo que según él lo ha provocado: las disputas, las rencillas, la falta de intervención de los carabinieri, del alcalde, de la policía, la maldita llegada de «esos» a la finca. Admite que confesó, habla del contenido de la confesión, de lo que sucedió, sin usar nunca la primera persona.

Le gustaba trabajar de barrendero, conoce cada rincón y cada calle de las inmediaciones de Erba. Recorrerlas solo al volante del camión, al amanecer, cuando todos duermen, le daba una sensación de libertad a la que no quería renunciar. Habría podido buscar trabajo como aparejador, pues había conseguido sacarse el diploma en la escuela nocturna, donde se había matriculado para mejorar su posición en el sector de la construcción y dejar de ser peón. El diploma nunca le sirvió, o quizá ni siquiera trató de sacarle provecho; su trabajo en Econord era perfecto, le permitía tener una vida previsible, tranquila, una cotidianidad cuyos tiempos y acciones se repetían de manera idéntica día tras día. Ni imprevistos ni necesidad de reaccionar a los imprevistos, ninguna variación del esquema. Una vida sencilla, eso era lo único que necesitaba. En el lenguaje de la psicóloga, baja autoestima y bajo nivel de energía.

Su pasatiempo era construir pequeños objetos con materiales de desecho que recogía mientras trabajaba. Las rutinas eran placenteras y el placer residía en la espera y en la certeza de que se repetirían, día tras día, como una cadena infinita que solo la muerte o una enfermedad grave podían interrumpir.

Tendencia a la minuciosidad, al orden, a veces obsesivo: arrancado de repente de su cotidianidad y proyectado en un mundo que le es ajeno, su interior se ha desintegrado, se ha hecho añicos. De golpe y porrazo todo se le ha ido de las manos.

Hacia finales de la primavera, la reacción inmediata al shock inicial se retrae, sale a la luz una persona más abierta, menos rígida, quizá incluso más confiada. La psicóloga desconoce qué puede haber provocado la transformación; un buen día Olindo se presenta con una actitud correcta y unos gestos y movimientos casi apacibles. Ha recuperado la calma, y con ella el sentido de la realidad. Empieza a escribir —a su mujer, para sí mismo—, recupera viejos recuerdos de su vida anterior, hace *collages* con recortes de periódicos, inventa códigos cifrados de los que solo él conoce la clave y que modifica sin parar. Se especula mucho acerca de estos códigos, recurren a matemáticos y analistas para tratar de descifrarlos y destapar una revelación. Pero ahí dentro no hay nada oculto. Sustituto de su antiguo pasatiempo, el código es, en sí mismo, la clave para entenderlo. En un lugar donde siempre está bajo observación, el código es lo único privado que tiene, dice la psicóloga. En cuanto a sus escritos, declara: «La confusión interior que los gobierna es tan grande que me hace pensar en un defecto de la mente, un trastorno de su funcionamiento, algo que se había atascado y luchaba con desesperación por encontrar una escapatoria».

Una vez dejadas atrás las rencillas entre vecinos, que se despojan de su carga emocional, Olindo vuelve en sí y empieza a sentir de nuevo el presente. Habla de una niebla mental que lo aflige: no consigue reconstruir la secuencia de los acontecimientos que siguieron a la detención. Cuando trata de evocarlos, hay un vacío. La dificultad para recordarlos y ponerlos en orden y la consiguiente frustración lo inducen a dejar de pensar en ello definitivamente. Su estado de ánimo cambia de nuevo. Abandona la escritura, pasa los días tumbado en la cama, mirando la bombilla desnuda que cuelga sobre su cabeza. Adopta un tono engreído que ya no abandonará y que quizá le era propio antes de los hechos.

Quiere poner fin a su existencia. «Ya he perdido mucho peso, a partir de aquí sé que puedo seguir adelante —le dice a la psicóloga—. Me comportaré bien hasta el juicio si me dejan ver a mi mujer. Si no, trataré de ponerlo en práctica». Menciona un pacto suicida que según él habría hecho con Rosa: están de acuerdo en quitarse la vida si no pueden vivir juntos. A ellos les basta con estar juntos, no importa dónde ni cómo. De ahí la idea de una celda matrimonial, lo que al público se le antoja una hipérbole de la prensa, una estrategia de la defensa para alegar trastorno mental, puede que incluso de la pareja para dar la impresión de una ingenuidad que podría suavizar su responsabilidad ante el juicio popular. Sin embargo, Olindo lo dice en serio.

En un informe de la prisión del Bassone, enviado en mayo al ministerio fiscal, al juez de primera instancia y a la fiscalía de Como, el director traslada su preocupación y pide que se nombre un curador o un representante legal que se ocupe de la pareja y de sus intereses: «Últimamente me llegan informes que giran sobre el comportamiento atípico de Romano, que desearía compartir una celda matrimonial con su mujer».

Que haya una posibilidad de vivir juntos es, para él, fundamental. Lo recalca siempre que puede: «Si Rosa estuviera conmigo, estaría estupendamente, quizá mejor que antes, porque no tendría que preocuparme por la hipoteca, por llevar las cuentas y por los problemas domésticos». Lo que hace sonreír a muchos para él es deseable, o mejor dicho, alcanzable. «El matrimonio es una institución del Estado, cuando me casé con mi mujer prometí serle fiel en la prosperidad y en la adversidad. Esta es la adversidad, ¿por qué no puedo compartirla con ella?», se pregunta continuamente. Quiere preservar su unión y no entiende por qué el Estado se lo impide. La psicóloga trata de explicarle que su exigencia no puede satisfacerse porque no se corresponde con la realidad. Él vuelve a la carga en cada entrevista y reivindica su derecho, porque el matrimonio está amparado por la Constitución, la unión conyugal es inescindible y está por encima de la ley humana. Debe seguir existiendo incluso en la cárcel, incluso para una pareja que, como ellos, está acusada de asesinato.

Lo mismo vale para la responsabilidad del delito. En varias ocasiones refiere a la psicóloga que está convencido de que la pena a la que eventualmente lo condenen debe repartirse entre los dos. La idea es objeto de numerosas discusiones. Para la psicóloga resulta difícil hacerle cambiar de opinión. Se atrinchera en su posición, que no solo considera posible, sino justa: las cosas son como él dice; si no, hay que cambiarlas.

Tiene un pensamiento rígido, inflexible, invariable, como el de un niño o un preadolescente; la edad no le ha aportado flexibilidad mental, plasticidad, capacidad de comprender y compartir otras perspectivas. Infantil, sugestionable. Escasa confianza en sus propias capacidades. Profundas fases depresivas alternadas con una dificultad para encauzar las emociones, tendencia a interpretar: atribuye significados hostiles a situaciones benévolas. Básicamente, se siente perseguido. Rasgos paranoicos.

Esto es lo que son en la primavera de 2007, antes del juicio en primera instancia, mientras cumplen prisión provisional. El shock, la detención y la fractura de la pareja han exacerbado sus rasgos, una condición que la psicóloga no duda en calificar de patológica y preexistente a los hechos. Dos personas que, a falta de todo, habían encontrado el uno en el otro un auténtico recipiente de la existencia que satisfacía todas las necesidades personales. El otro era la prolongación de uno mismo, la única posibilidad de proyectarse al exterior y sobrevivir como ser social. No se ocupaban de la vida exterior porque la pareja les ofrecía todo lo que necesitaban. Una relación totalizadora, simbiótica, de dependencia, en la cual, de entre los dos, Rosa mantenía una mayor autonomía. La presencia de Olindo contribuía a limitar su propensión a fantasear, la emotividad extrema y desbordante en la que se sostenían sus extravagantes razonamientos; para él, un hombre sin su esposa como mucho podía acabar debajo de un puente.

Funcionaban como una sola persona, en un estado de fusión cuyo núcleo era inalcanzable. Una conclusión a la que también llegó el fiscal, que durante su alegato en el juicio en primera instancia se refirió a ellos de la siguiente manera: «Esos dos son mucho más que una pareja. Son un cuadrúpedo». En su cosmos, la celda matrimonial existe, como existe la repartición de la pena, y no hay mayor angustia que la perspectiva de que los separen: esa es la única dimensión que sienten como amenaza.

A los dos, en la cárcel, les prescriben ansiolíticos y antidepresivos.

En verano, la psicóloga se ausenta por un breve periodo. A la vuelta, en su primer encuentro, Rosa le cuenta que no cometió ninguna de las acciones que confesó. Insiste en que nunca subió al piso de arriba. La psicóloga no está allí como observadora, no está cualificada para preguntar al respecto: son presos a la espera de juicio y su papel es evaluar sus condiciones psíquicas para prevenir actos autolesivos. No recoge hechos y no comprueba la veracidad de lo que dicen, pero no puede impedirles que hablen. Rosa se pierde en detalles, divaga, se desorienta; repite una y otra vez que admitió cosas que no hizo. El motivo es que cedió a las presiones de los magistrados: si no confiesas, no volverás a ver a tu marido. En aquel momento en que se sintió perdida, cedió.

Olindo también le cuenta el relato de aquella noche, detallado de principio a fin: qué hicieron, dónde fueron, a qué hora. Dice que a media tarde se tumbó en el sofá y se durmió cubierto por la manta roja que solía echarse por encima. Rosa lo despertó de repente, acalorada, y le pidió que la llevara a cenar a Como. Insistía; date prisa, le dijo. Salieron para Como un poco antes de las ocho, puede que a las siete y media. Le confía a la psicóloga su sospecha de que durante los interrogatorios fue víctima de violencia y presiones. No tiene la certeza porque ni siquiera está seguro de que las palabras que usa sean las correctas para expresar cómo se sintió, ni qué lo condujo a cargar con la responsabilidad de cuatro homicidios. Ahora que lo piensa, al cabo de meses, cae en la cuenta de su ofuscación, del disparate que se le propuso: si confiesas, en cinco años estás fuera. Olindo ha vuelto en sí, y eso no disminuye su angustia porque asume las consecuencias de su ingenuidad, que ahora percibe y observa en retrospectiva.

La psicóloga invita a ambos a contárselo al defensor de oficio que los asiste desde el principio. No forma parte de sus competencias ni atañe a su relación con ellos, pero es consciente de su importancia. Los exhorta. No sabe que ya en primavera le contaron lo mismo al capellán de la prisión. Tampoco sabe que sustituyeron al defensor de oficio.

Nadie
testimonia por
el testigo.

PAUL CELAN

Cuando recibe la llamada de su antiguo colega, el abogado sabe de la masacre lo mismo que todo el mundo, lo que ha leído en la prensa y lo que ha visto en televisión —el testigo ocular, la confesión que siguió a la detención—; también sabe, porque tiene la suficiente experiencia, cómo funciona la crónica judicial: los periodistas locales están en contacto directo con la fiscalía, así que los periodistas nacionales suelen alinearse con sus noticias porque presuponen la fuente. Si una firma goza de credibilidad, los demás se ciñen a su versión, quizá porque tampoco tienen tiempo para leer toda la documentación, que puede ser abundante y desordenada y carecer de una línea interpretativa que reconstruya los hechos con claridad; de ahí que se fíen de la versión acreditada y sigan sus pautas.

El abogado también se fía de su antiguo colega, un penalista del foro de Como que ejerce sin interrupción desde los años sesenta y puede presumir de que ninguno de sus clientes haya sido condenado a cadena perpetua. Lo apodan «el león de Como» por su fuerte personalidad en la sala, su voz estentórea y su intimidadora presencia: imponente, melena blanca, ojos azules. También le han colgado el mote por su propensión a la ira, que alterna con repentinos intervalos de dulzura infantil. Él, a su vez, recibió una llamada del capellán de la prisión. El cura confiesa regularmente a Olindo y Rosa, así como a todos los presos que lo desean. Con ellos dos instauró de inmediato un vínculo especial, porque se fían de la sotana —la confianza es la clave de esta historia— y se sienten absolutamente solos.

Cuando, en primavera, Olindo le reveló que no había cometido la masacre, el capellán debió de sentirse muy turbado; quizá dudara del fundamento de la confesión y se la creyera a medias; se consumiría sopesando si debía tomar cartas en el asunto y cómo hacerlo, considerando la obligación de guardar silencio que su ministerio imponía en esas circunstancias. Sea como fuere, su tormento concluye con la convicción de que no puede desoír la revelación de Olindo —se la hizo en confesión, y tanto él como ella conocen y reconocen su sacralidad— y decide contarla en las oficinas de la fiscalía de Como. Pasan unas cuantas semanas. Vuelve a la fiscalía. Pasan unas cuantas semanas más.

La sospecha de que se trate de un descuido, de un error, de un enorme malentendido le resulta insoportable; piensa en esos dos, presos, separados, y al final se decide a llamar al viejo penalista que, jubilado y recientemente viudo, se dedica a jugar al póquer y a hacer lo que le viene en gana. En otras circunstancias no habría movido un dedo, pero como quien lo llama es un cura y él es religioso a su manera, se lo piensa. Para evitar el más mínimo remordimiento de conciencia, pide a dos jóvenes colegas, un hombre y una mujer, que asuman la defensa, justo el tiempo necesario para echar un vistazo al caso y despejar cualquier duda. Los abogados no se ven con ánimos de declinar la propuesta —a un mentor no puede negársele—

y deciden abordar el caso sin leer las confesiones, aunque conocen algunos fragmentos cuyo contenido ha aparecido en televisión y en los periódicos. Para empezar, quieren conocer a los imputados con el propósito de reducir al mínimo los prejuicios y abrirse libremente a las sensaciones.

Bien entrado junio: el sol alcanza su máxima altura y pega todo el día en los patios de cemento que rodean la cárcel, en los tejados de las celdas. Dentro se ahogan de calor. El abogado espera a Olindo, es su primera entrevista. Imagina una defensa de carácter psiquiátrico, que es la única que en ese momento le parece plausible, siempre y cuando la haya. Es más, no imagina ninguna. Se reserva la posibilidad de rechazar el caso.

Olindo se presenta con una camisa de cuadros y unos andares patosos, de dibujo animado. Es ancho y no muy alto: un metro setenta escaso. Se sienta y se pone a hablar. Lo que más le preocupa es que aún no le hayan asignado la celda matrimonial, y le expone el consabido razonamiento: el Estado no puede separar lo que Dios ha unido, en la prosperidad y en la adversidad. El abogado se afloja un poco el nudo de la corbata. Se esperaba estar en presencia del monstruo de Erba y en cambio esta especie de Barbapapá con erres guturales le dice cosas absurdas que entona como un mantra. A duras penas contiene una sonrisa. Olindo procede con la segunda idea fija: la repartición de la pena, siempre justificada por la superioridad del vínculo matrimonial sobre cualquier otra ley del Estado. El abogado se levanta, se excusa y abandona la sala de visitas. Nada más salir, con una mano delante de la boca, se parte de risa. Aún no ha leído el expediente ni el informe en el que el director de la cárcel propone el nombramiento de un tutor para la pareja, precisamente a la luz de comportamientos «atípicos» detectados por los funcionarios de prisiones. Se recompone. Entra de nuevo. Lo invita a añadir algo, si es que tiene algo que añadir. Olindo se aventura en un discurso enrevesado cuyo hilo el abogado no consigue coger, quizá condicionado por la primera impresión. Solo entiende dos cosas: Olindo afirma que nunca subió al piso de arriba; en consecuencia, se pregunta cómo puede el testigo afirmar que lo vio. «Perdone —replica el abogado—, pero ¿usted no confesó?». El otro abre mucho los ojos: «Sí, confesé, pero no subí arriba ni hice las cosas que dije». El abogado, incrédulo —Olindo no lleva nada consigo, ningún documento, ni siquiera la orden de detención, por lo que puede decirle cualquier cosa y su contraria—, abandona la sala con la sensación de haberse reunido con un chalado y con una preocupación que lo acompañará a partir de entonces.

No habla de ello con nadie del bufete, ni siquiera con su compañera, teme que lo tomen por un mitómano; sin embargo, tras abrirlo, en el expediente ha encontrado una historia totalmente opuesta a la que circula por todas partes: el reconocimiento del testigo ocular no es lineal, a tal punto que es el mismo testigo quien, al despertar del coma inducido, hace enviar a la fiscalía el retrato robot de un sujeto desconocido que identifica como su agresor; el único indicio biológico, hallado en el coche de la pareja, está contaminado por el acceso al vehículo de los carabinieri que antes habían estado en la escena del crimen; la confesión está compuesta por varias confesiones fragmentadas, extraídas de las actas resumidas y no de la fiel transcripción de los audios de los interrogatorios.

Sabe que estas últimas son el punto más débil y que en la creencia común no hay ninguna razón para que alguien asuma la responsabilidad de un delito sin haberlo cometido, a pesar de que la historia judicial está llena de personas que se autoinculparon infundadamente por los motivos más diversos. Fue así como las fragmentarias confesiones de los dos acabaron en los bares en el horario de apertura de las oficinas, en las cocinas a la hora de cenar, en los gimnasios con grandes pantallas colgadas sobre las cintas de correr. Además, está el capellán. ¿Por qué se inmiscuyó?

Para confirmar las irregularidades que ha encontrado o para refutarlas de una vez por todas, decide ir a verlo.

Es un verano bochornoso, sin la tregua de una brizna de viento. En el interior de la iglesia el aire es más fresco, hay silencio, penumbra. Se sientan en un banco al fondo de la nave, uno al lado del otro. El abogado posa las manos sobre las rodillas y un cerco de sudor se forma en la tela fina del pantalón. Tiene ganas de fumar. «Vamos a hacer lo siguiente, padre: yo le haré las preguntas, pero usted no tiene que responder. Si está quieto, para mí será como si dijera que sí». El otro asiente con un gesto imperceptible. Los dos miran hacia el altar.

«¿Usted confesó a Olindo Romano?».

El cura no se mueve.

«¿Olindo Romano le dijo en confesión que era inocente?».

El cura calla; tiene las pupilas dilatadas. Las llamas de las velas votivas tiemblan. El abogado espera unos diez segundos, se mira las manos, mira el cerco que han dejado en los pantalones, luego mira al cura. Sale.

En su primer encuentro, lo único que hace es llorar. Están sentadas frente a frente en la sala desnuda. Rosa, encogida, no levanta la mirada del suelo. El pecho hundido forma un hueco que sube y baja al ritmo de los sollozos. Es imposible conseguir que preste atención. La abogada, azorada, repite para sus adentros que ella no es psicóloga, que es normal que sienta apuro e impotencia. Se levanta y llama a la celadora, que acompaña a Rosa a su celda.

En el aparcamiento cercano a la prisión, algún que otro matojo de hierba sobrevive en la explanada de cemento. Ya en el habitáculo, la abogada reflexiona. De jovencita hizo voluntariado en un gran hospital del norte, en geriatría, y se siente como entonces, cuando en los primeros días trataba de resistir al impulso de salir huyendo del sufrimiento y el olor de los cuerpos viejos y enfermos, que se imponía sobre el de los detergentes y el desinfectante. La cárcel y el hospital producen el mismo efecto en los visitantes que vienen del exterior, los agotan. Ella está extenuada.

Consciente de que necesita un intermediario que la ayude a entender a esa mujer inaccesible, su historia y su presente, y para aprender a comunicarse con ella, le pide a la dirección que autorice la asistencia de la psicóloga. Como en la cárcel todos temen que Rosa se hunda irreversiblemente en la desesperación, que haga un gesto definitivo, se lo conceden.

Las dos se sientan a una mesa. Todos los espacios de la cárcel son inhóspitos, hostiles, incluso las zonas de servicio sin presencia de internos. A pesar de que la visitan asiduamente debido a sus respectivas profesiones, cuando posan la vista en los barrotes que protegen las ventanas ambas sienten el peso de la reclusión, la angustia que provoca. La abogada tiembla un poco. La psicóloga le ofrece un cuadro ilustrativo, hace deducciones, aventura hipótesis. No sabe mucho. No sabe, por ejemplo, cuándo y por qué la relación de pareja asumió esa forma de simbiosis cuyo cascarón es la casa. Da un suspiro. No es sencillo contar quién es Rosa, dice; cuando la interrogaron, para los magistrados no debió de ser fácil entenderla, porque lo mezcla todo, le cuesta razonar con lógica y no consigue mantener a raya su violenta emotividad, que suele desembocar en crisis motoras durante las cuales se hiere. Seguramente sufre un trastorno, y a menudo la enfermedad se asocia con el delito: una persona enferma delinque y, por consiguiente, mata. No es el caso de Rosa. La primera vez que se vieron le impresionó la alegría con que la recibió; para ella era tan gratificante obtener la atención de alguien que eso indujo a la psicóloga a pensar en una profunda vivencia de invisibilidad y soledad desde los primeros años de vida. Sin ir más lejos, su familia no dio señales de vida cuando la detuvieron ni tampoco después: nunca ha recibido una carta, una llamada, una visita. Acerca la silla a la mesa que la separa de la abogada, se inclina hacia ella. Lo más difícil de relacionarse con Rosa es la pobreza de su razonamiento, su incapacidad para replicar un argumento, incluso el más banal. Desde el punto de vista clínico, el cuadro es preocupante.

La abogada sabe que la psicóloga también está pensando en un aspecto procesal y defensivo: la credibilidad.

Rosa es muy «sugestionable», se deja influenciar fácilmente, por el exterior y por su propio pensamiento, como si viviera en un mundo de fantasía del que ella es el centro de la acción, del deseo ajeno. «¿Sabe las fantasías infantiles con las que los niños se consuelan o evaden de un presente miserable?». La abogada, inmóvil, se concentra en absorber toda la información que puede serle útil para entender a su clienta. «Pues bien, Rosa nunca abandonó esa particular forma de ideación, porque su necesidad de hacerse visible es inagotable. Si no se siente reconocida, crea un relato a partir de lo sucedido y lo eleva a la enésima potencia, lo multiplica, lo exagera hasta tergiversarlo. Y ese relato se convierte en una realidad que satisface su necesidad. Ella cree que lo que imagina es real: se cree víctima, se cree culpable, se cree cualquier cosa, da igual. Sus fantasías no son delirios, parten de un hecho concreto, de ahí que no pueda considerársela una psicótica. Su vida interior está completamente proyectada en el deseo de no ser un fantasma». El aspecto más complicado, imprevisible, es la combinación de esa necesidad ineludible con los déficits cognitivos que le impiden comprender los contextos y a sus interlocutores. Las consecuencias.

«Hay que profundizar más». Al sugerirlo, la psicóloga da una indicación clara.

La abogada hurga en los documentos que obran en su poder para tratar de encontrar algo que pruebe las palabras de la psicóloga —es lo propio de su trabajo—. En la diligencia de informe de los carabinieri de Erba del 20 de diciembre de 2006, diez días antes de la detención, Rosa cuenta que su marido y ella compraron el piso donde viven actualmente gracias a la venta de otra vivienda y a una hipoteca, que terminaron de pagarla y ahora les quedan los plazos del préstamo que le pidieron al banco para comprar la autocaravana. Se mudaron de Canzo a Erba porque les gustaba que ese bajo con entrada independiente estuviera cerca del centro, de las tiendas, de modo que ella, que no tiene carnet de conducir, pudiera hacer la compra y los recados por su cuenta. En el informe también afirma que no está segura de qué banco les concedió la hipoteca, que no sabe la dirección de la antigua vivienda de Canzo ni el número de teléfono de su marido, y tampoco el suyo.

Otra declaración de Rosa. Esta vez ante el juez de primera instancia, asistida por el abogado de oficio. Estamos a 12 de enero —las confesiones se hicieron el 10 de enero, de las dos de la tarde hasta la medianoche, sin pausas, por turnos— y el juez solicita su comparecencia para que ratifique lo declarado o bien se acoja a su derecho a no responder o a retractarse. He aquí las primeras frases:

JUEZ INSTRUCTOR: [...] Bazzi, Rosa Angela, nacida...
BAZZI: El 8 de noviembre de 1963.
JUEZ INSTRUCTOR: ¿Está usted segura?
BAZZI: El 11 de agosto de 1963.
JUEZ INSTRUCTOR: El 12 de septiembre de...
BAZZI: Ah, sí, es verdad, tiene razón. El 12 de septiembre de agosto... 1963.
JUEZ INSTRUCTOR: No, ¿cómo que el 12 de agosto? ¿Usted no nació el 12 de septiembre?
BAZZI: El 12 de septiembre... de agosto... de septiembre... no...

JUEZ INSTRUCTOR: ¿Nació en agosto o en septiembre?
BAZZI: En septiembre.
JUEZ INSTRUCTOR: ¿De 1963?
BAZZI: De 1963.
JUEZ INSTRUCTOR: ¿El 12?
BAZZI: El 12.
JUEZ INSTRUCTOR: Bien, el 12 de septiembre de 1963, ¿lo confirma?
BAZZI: Sí.

En otoño, tres meses después de haber aceptado el caso, la defensa busca desesperadamente un psiquiatra. Los jueces se opondrán a la prueba pericial en todas las fases del proceso y en todos los grados. Para la abogada es algo inaceptable.

También su colega va a ver a Rosa. Durante una visita, ella le dice: «¿Te acuerdas de cuando nos veíamos en la cárcel de Parma?». Lo descoloca, porque ella nunca ha estado presa en Parma. No sabe qué responderle. En otra ocasión, le cuenta que recibe visitas de los carabinieri de Erba que investigaron el caso, le dice que pasan a verla y se interesan por su salud. También afirma que suele usar el ordenador para responder a las cartas que recibe. Un día que se reúnen en la biblioteca, señala una estantería y le dice: «Los he leído casi todos». Se ven obligados, por necesidades procesales, a hacerle la pregunta a bocajarro. Ella no responde. Luego dice: «Sí, sé escribir, pero hazlo tú por mí». Los defensores, conscientes del alcance de su vergüenza, no vuelven a preguntárselo para no mortificarla.

El abogado sabe, porque lo ha leído en su expediente, que tiene el certificado de estudios primarios; no obstante, solo es capaz de firmar. Olindo no concreta: «No sé si Rosa sabe leer o no, nunca se lo he preguntado». No es normal que una persona con el certificado de estudios primarios no esté alfabetizada; no es normal que ni siquiera acabara la enseñanza obligatoria. Como la psicóloga, él también intuye que hay un obstáculo insuperable, pero cuando trata de indagar Rosa se encierra en sí misma, ofendida. Luego están los problemas de salud anteriores a la prisión: las fuertes migrañas, los presuntos embarazos, la imposibilidad de tener hijos, un cáncer de mama debido al cual se sometió a una intervención quirúrgica. El abogado no consigue llegar al fondo de nada. Las entrevistas con ella lo fatigan, lo confunden y sale de las comunicaciones enfadado, con una frustración difícil de dominar. Se devana los sesos para comprender qué partes del relato de Rosa son reales y cuáles no —para ella todo es real, porque así lo cree—. Se vuelve loco, es la primera vez que no sabe cómo relacionarse con un cliente; entre Rosa y él hay un abismo. Se pregunta qué sentido tienen sus mentiras, que él interpreta como elucubraciones mentales sin finalidad, sin más propósito que ponerlo en un aprieto, despistarlo y confundirlo todo. Es precisamente la gratuidad de sus mentiras lo que lo turba. La desacredita bajo cualquier punto de vista, también el humano.

Su instinto le dice que la clave está en la familia. Su madre murió en mayo, unos meses después de que la detuvieran. Rosa se enteró por la prensa; un agente cuenta que oyó sus gritos desde el interior del vehículo blindado. La madre había hablado a los periodistas de su hija con odio: «Salió torcida, más mala que la tiña, peor, llena de veneno»; y también: «No debió casarse con él. Habría hecho mejor quedándose en casa. Las chicas deben quedarse en sus casas, no casarse». Su padre hizo declaraciones del mismo tenor: «Ni siquiera sé si mi hija está viva»; «No tengo nada que ver con esa animal. Por lo que a mí respecta, puede morirse. No me afectará demasiado». El hombre murió un año más tarde, en mayo de 2008; ella se enteró en la cárcel porque la noticia se propagó rápidamente.

Rosa enmudece cuando le preguntan por su familia. El abogado lo intenta con los parientes de Olindo. Sus hermanos la tienen tomada con ella, la consideran la responsable de la acritud que ha echado a perder irremediablemente la complicidad y el afecto recíprocos. Entre palabras secas, levantan la duda de que no esté del todo bien de la cabeza. Uno de los hermanos (o quizá su cuñada, el abogado no se acuerda) dice que la vio por la calle vestida como una prostituta. La anciana madre de Olindo declara a los periodistas: «Mi hijo es inocente y está en la cárcel por culpa de Rosa Bazzi. Es ella la que manda. De todas las bajezas que pueden hacerse, las ha hecho todas. Si pillo a Rosa Bazzi, la mato. Su madre era venenosa como una víbora y su padre, un borracho».

El abogado indaga la violación —¿real o imaginada?, ¿rumor transmitido de boca en boca, como las anécdotas familiares que se convierten en legendarias?—: si en la sala consiguiera demostrar que es fundada, podría construir un punto de apoyo para plantear la cuestión de la salud psíquica de su cliente. Quizá podría obtener una circunstancia atenuante, o establecer la necesidad de una prueba pericial. Confirmar que la violación fue real haría peligrar el vídeo que un criminólogo, asesor técnico de la defensa anterior, grabó a los imputados en la cárcel un mes después de su detención: un vídeo incluido en el expediente de la fiscalía, que se filtró al exterior y se retransmitió en la televisión durante el juicio de primer grado, primero en un solo canal y luego en todos; un vídeo que calaba fácilmente, donde se ventilaba cualquier cosa y donde hechos que podían ser verdaderos o falsos se repetían una y otra vez hasta que era imposible distinguir lo uno de lo otro; el vídeo al que todos llaman «de la confesión», a pesar de que no contiene una confesión, sino las entrevistas frágiles, íntimas y protegidas por la privacidad, entre un psiquiatra y sus pacientes. El vídeo en el que Rosa, además de confesar con vehemencia que cometió los homicidios que se le imputan, dice que fue violada por el marido de una de las víctimas, se desespera, da detalles. Sin embargo, su relato es tan inverosímil que la fiscalía lo considera infundado y desestima el presunto delito sin abrir una investigación. Nadie le da crédito, ni siquiera Olindo. ¿Y si en ese vídeo ella reviviera un acontecimiento real, pero cambiando a los actores, el lugar y el tiempo? El dolor parece genuino, y también su intensidad.

El abogado la acucia, insiste sobre el abuso sexual, es duro, la interroga de manera exhaustiva, como si estuvieran en la sala de audiencias. Ella, encogida, llora atemorizada por la presencia de él, que ahora se le antoja un enemigo. Es un suplicio para los dos. Se cierran todos los canales de comunicación. Ahora es Rosa quien decide, puede mantener con él una conversación de hora y media, pero sobre los temas que ella elija. Sobrepasado, él se retira. Observa de lejos y con el peso de un juicio por preparar.

Un día, la abogada descubre que Rosa informó a los agentes de la guardia penitenciaria de que algunas presas consumen sustancias estupefacientes —la soplona, la chismosa, la vecina que escucha detrás de la puerta, que habla y juzga—. Su colega y ella se preocupan, porque en la cárcel hay normas no escritas que se consideran de obligado cumplimiento para asegurar una buena convivencia. ¿Cómo se le ocurre?, se preguntan. La respuesta surge de los meses de estudio y conocimiento. Rosa quiere hacer un buen papel, quiere que la tengan en cuenta y está dispuesta a complacer a su interlocutor para abrir un canal con él, suscitar su compasión y su benevolencia e instaurar un vínculo especial. Y para conseguirlo, llega a adueñarse de cosas que no le pertenecen:

empatiza

finge falsos recuerdos

entretiene —cuando está de buen humor

fantasea

se lo cree.

Los abogados le siguen el juego, no tienen ánimos para desmentirla, temen que su condición mental no soporte que se la ponga en entredicho. Para ellos sería más fácil que mintiera con mala intención, al menos no tendrían que preguntarse si sus relatos contienen algo de verdad, al menos no tendrían que acometer la duda, no correrían el riesgo de subestimar algún detalle y perderlo. Esa tendencia irrefrenable, combinada con su descompensación —el abogado llama así a su déficit cognitivo—, es un desastre procesal.

Tras descubrir que el testigo identificó a otra persona antes que a Olindo y que la mancha de sangre en el embellecedor de la puerta del coche podría ser producto de una contaminación, solo quedan las confesiones. Los defensores estudian una estrategia que permita excluirlas del juicio. Si Rosa y Olindo aceptan que los interroguen en la sala de audiencias, el magistrado podría impugnarles las afirmaciones realizadas en el interrogatorio, pedirles cuentas, pero las confesiones no se admitirían como pruebas. Los abogados saben que la estrategia ya está contaminada porque todo el mundo escuchó las confesiones en la televisión y se corre el peligro de que la declaración de los imputados semeje una pantomima. Con todo, si no se incluyeran en el expediente, habría una prueba inculpatoria menos. Cuando se lo explican, Rosa se echa a llorar, se desespera; se niega a sentarse ante el tribunal y responder a las preguntas del juez, la aterroriza igual que si fueran a torturarla. Olindo estaría dispuesto, pero para no traicionarla se echa atrás. Es imposible planear una estrategia y llevarla adelante, Rosa está a merced de sus emociones, Olindo la secunda. Los abogados se ven obligados a renunciar al interrogatorio en la sala de audiencias; tienen que adaptarse a los deseos de ella, a sus miedos, a sus estados de ánimo, soportarla. Hoy en día hablan de ello con pudor, y a la vez admitiendo su incapacidad para concretar mejor la condición de su cliente, para definirla con más claridad. La «condición» de Rosa fue un estorbo que marcó la estrategia defensiva, que tuvo que doblegarse a ella, y no al contrario. «Si la hubiera tratado como a una clienta cualquiera, la habría mandado a tomar por culo», dice el abogado. Pero Rosa no es una clienta normal. En pleno juicio, cuando hay que tomar decisiones apremiantes, es ella quien decide: esto no es plato de su gusto; esto otro sí. Su reacción es una incógnita.

Para Olindo, Rosa es imprescindible, es el centro de todo, cualquier decisión debe tomarse para protegerla. No puede dejársela al margen, aunque sea un peso. Podrían tomar dos líneas de defensa diferentes, pero él la sigue siempre, no se desmarca.

A veces el abogado manda a un colega más joven a visitar a Olindo. Pero la fuerza y la simplicidad de ese hombre lo desarman, no sabe qué decirle y eso lo atormenta. Necesita un par de días para superar las entrevistas.

Cuando le pide cuentas a Olindo sobre las cuarenta y ocho horas de enero en las que estuvo en detención preventiva, cuando le pregunta el motivo de la declaración de inocencia prestada el día 8 y de la de culpabilidad prestada el 10, qué paso en esos días, él responde: «Bastante tenía con lo mío», lo cual sigue sucediendo, pues no es insólito que *bastante tenga con lo suyo* cuando se entera de que Rosa ha lanzado una silla contra la pared, que no come o que se pasa el día en la celda mirando fijamente el techo.

Durante una inspección ocular en casa de sus clientes, el abogado descubre los lomos de una colección de psicología, seis volúmenes. Olindo dice que los encontró en la basura. Es entonces cuando el abogado se da cuenta de que él conoce la condición de ella. Está convencido de que nunca le revelará nada que pueda vulnerar la intimidad de la pareja y la inquebrantable confianza recíproca; quizá no lo admita siquiera ante sí mismo, aunque lo escribe en la biblia incautada: nada más entrar en la cárcel, Olindo se da cuenta de que ella no puede estar ahí, se volverá completamente loca. Inmediatamente, hay que sacarla inmediatamente. Rosa tiene que volver a casa a toda costa.

El peor momento para la abogada es al principio, cuando preparan el primer grado. En cuanto aceptan la defensa, alguien se pone en contacto con ellos para decirles que están dispuestos a pagar ciento cincuenta mil euros para hacer camisetas y gafas de Rosa y Olindo. La abogada tiene claro, desde el primer momento, que el problema no está en el expediente, pues tras seis meses de investigación las pruebas obtenidas contra ellos son demasiado inconsistentes para inclinar la balanza hacia la culpabilidad; el problema es el clima que se respira. Los actos vandálicos no se hacen esperar: su coche manchado de pintura, las ruedas sajadas, el motor reventado dos veces en poco tiempo; y no pasa en Como, alrededor del palacio de justicia, donde podrían merodear los desequilibrados, sino que van a buscarla a Lecco, donde vive y tiene el bufete. Recibe extrañas llamadas —su madre también—, de gente que se presenta con apellidos evocadores y dice cosas como: «No han sido esos dos, buscad en el ambiente de las drogas». De algunas conserva las grabaciones. A su colega le allanan el bufete tres veces en seis meses, sin robarle nada: encuentra la puerta entreabierta y las cosas tal y como las había dejado.

Por último, le hacen el vacío. Dentro y fuera del palacio de justicia todos le aconsejan que rechace la defensa, es un suicidio profesional, está loca si acepta. Al cabo de unos meses, las preguntas se convierten en: cuánto cobráis, quién os paga. Y en alusiones explícitas a la publicidad que incrementaría su popularidad, y en consecuencia su clientela.

En julio, cuando se notifica el cierre de la fase instructora y faltan seis meses para que se celebre el juicio, un canal nacional ya ha emitido un documental de ficción —con actores que interpretan a Rosa y Olindo, los asesinos despiadados— que reconstruye los acontecimientos y que da por sentada la culpabilidad de la pareja. «No quiero hacerme la víctima porque no me he sentido una víctima en toda mi vida, pero si pudiera volver atrás, no aceptaría su defensa», dice la abogada.

La víspera de la audiencia preliminar, en el expediente del proceso aún falta el resultado de las investigaciones del Servicio de Criminalística. Es un informe pericial y técnico a instancia de la fiscalía que normalmente se incorpora al sumario sin que deba solicitarse expresamente. Los abogados de la defensa titubean. Si lo reclamaran podrían descubrir que la casa de la víctima está llena de huellas de la pareja, y entonces todo habría acabado, porque la estrategia se basa en las retractaciones, en declararse inocentes por primera vez ante el Estado. Los abogados lo consultan con sus asesores. Si la fiscalía aún no lo ha depositado, el resultado podría contener algo favorable para la pareja, de lo contrario ya formaría parte del expediente judicial.

Optan por pedirlo, por arriesgarse. Pero antes tienen que comunicárselo a sus clientes.

En la sala de visitas, el abogado se sienta frente a Olindo y la abogada se queda de pie; su figura delgada y nerviosa cambia de postura sin cesar, sin sosiego. Habla el abogado (por aquel entonces se trataban de usted):

—Mañana compareceremos ante el juez de la audiencia preliminar y usted se declarará inocente. Yo le creo. Pero tengo el deber de comunicarle que el resultado del informe de Criminalística, que hemos pedido nosotros, podría demostrar otra cosa.

Olindo los mira con un estatismo antinatural.

—Yo nunca subí al piso de arriba, no hice nada, así que ese informe me da igual, no tengo nada que ocultar.

La abogada se altera.

—No sé si es consciente de que puede montarse un buen follón. Nosotros pedimos el informe, pero ¿y si luego resulta que encuentran sus huellas?

Olindo responde tranquilo:

—¿Qué huellas quiere que encuentren?

La respuesta la pone aún más nerviosa.

—Perdone, pero Rosa dijo que usted tocó aquí y allá...

Él sonríe con placidez.

—No se preocupe, pida el informe.

El abogado insiste, quiere asegurarse de que lo entiende.

—Si resulta que han encontrado su ADN por todos lados, usted estará acabado.

Olindo lo mira a los ojos.

—Ahí arriba no pueden encontrar nada mío.

Su flema les sorprende; empiezan a pensar que es inocente de verdad, o bien un loco de atar.

Ese mismo día, y por el mismo motivo, visitan a Rosa. La encuentran hundida en un estado de ofuscación; acaba de sufrir una crisis de llanto que la ha dejado sin aliento, obnubilada. Piden de nuevo la presencia de la psicóloga. Ni siquiera ella consigue calmarla. Tampoco los ansiolíticos, cuya posología ha sido aumentada en el último mes. Al día siguiente no está en condiciones de presentarse ante el juez. Es la única respuesta que obtienen de ella.

Es un sábado de octubre, templado y límpido; la superficie del lago brilla, la luz enciende la fachada gris del palacio de justicia. El juez de la audiencia preliminar lee en voz alta la carta certificada, escrita a mano, que llega de la prisión del Bassone: «No tengo fuerzas para participar en la audiencia y renuncio. Pido al juez que acoja la petición de mis abogados defensores de practicar nuevas investigaciones, pues mis declaraciones anteriores contradicen la verdad». A pie de página, la firma —Rosa Bazzi—, cuya caligrafía es diferente del resto del mensaje.

Olindo está presente en la sala de audiencias.

OLINDO: Solo quiero decir un par de cosas. En primer lugar, soy inocente. Segundo, pido que mis abogados soliciten nuevas investigaciones. Por último, me preocupa mi mujer; en efecto, hoy no ha podido participar porque no estaba en condiciones de hacerlo. Eso es todo.
JUEZ DE LA AUDIENCIA PRELIMINAR: ¿Ha acabado?
OLINDO: Sí.
JUEZ DE LA AUDIENCIA PRELIMINAR: Puede sentarse.

Se hace el silencio. El juez le pregunta al fiscal si ha llegado el informe de Criminalística. El fiscal asiente, el juez lo invita a distribuirlo entre las partes, el fiscal dice que están haciendo fotocopias, pero que tiene muchas páginas. La defensa pide que se lean las conclusiones, el fiscal marea la perdiz, dice que sí, que dentro de un momento. El juez solicita al fiscal que las lea de inmediato. El fiscal lee el informe: «A pesar de los esfuerzos realizados, no se ha hallado huella alguna de las víctimas en casa de la pareja, ni huella alguna de esta última en la escena del crimen».

Olindo y Rosa se han retractado antes de conocerlo, el informe confirma sus declaraciones. El fiscal pide que no se incluya en el sumario. La defensa se opone en redondo, no pueden elegirse solo las pruebas que sostienen el propio argumento, el tribunal debe tener acceso a todas. El fiscal protesta. El juez de la audiencia preliminar subraya que el informe es una valoración técnica irrepetible y que debe formar parte del sumario por ley y ponerse a disposición del tribunal. Lo contrario constituiría un disparate jurídico.

El resto de la conformación del sumario también es una lucha. La fiscalía ha solicitado y efectuado dos mil noventa y nueve escuchas ambientales y telefónicas, de las cuales no se ha transcrito ninguna y la mitad tiene una calidad de audio tan baja o está tan dañada que es prácticamente incomprensible. La defensa pide que se transcriba al menos una parte y que se adjunten al expediente. El fiscal se opone. Se discute acerca de cuántas y cuáles. El juez admite ocho. La defensa replica, quedará fuera una cantidad enorme. El juez reflexiona. Confirma ocho. Al final, todos están agotados.

Los abogados salen del palacio de justicia con ganas de tomar un café y fumar un cigarrillo. Se sientan en la terraza de un bar y la abogada se pone las gafas de sol, la reverberación de la luz es fuerte. Por el paseo que costea el lago desfilan chiquillos ruidosos y niños con el último helado de la temporada goteando entre los dedos. El abogado abre un periódico y allí, en la tercera página, se topa con el anuncio de un libro sobre la masacre, recién publicado por una importante editorial. Lo compran, ya lo tienen abierto sobre las rodillas. Enseguida entienden de qué va: el relato está completamente construido alrededor de la culpabilidad de la pareja; contiene las transcripciones de los vídeos grabados por el criminólogo. El libro circulará, se leerá, y causará un daño enorme, porque el tribunal de lo penal prevé la presencia, además de dos magistrados, de seis jurados populares, personas comunes expuestas a los periódicos, a la televisión, a las opiniones. Una contaminación inevitable y desastrosa.

Los defensores intentarán por todos los medios de detener el libro y el documental de ficción emitido en verano. En ambos casos, saldrán con el rabo entre las piernas, acusados de tratar de coartar la libertad de expresión.

La tarde de la víspera del comienzo del juicio, el abogado recibe en su bufete la visita de un periodista. Está bajo presión, se ultiman los detalles; el otro se da cuenta y le habla abiertamente.

—Mire, hoy la agencia ANSA ha estado a punto de lanzar una noticia. —Ahora capta toda su atención—. Los defensores de Rosa Bazzi y Olindo Romano en la lista de investigados. —El periodista desvía la mirada—: Deslealtad profesional.

El abogado mordisquea el filtro del cigarrillo que tiene entre los dedos (piensa: un delito infame), es el segundo paquete del día (piensa: perjudicas a tu cliente, vulneras el código deontológico de tu profesión, obstruyes el curso de la justicia), luego lo enciende (sería la negación completa de mi persona). El objetivo es contaminar la defensa, socavar su credibilidad para que les flaqueen los ánimos. Asustar.

—¿Y?

—En el último momento se lo han pensado mejor —responde el otro.

El abogado echa el humo por la nariz.

—Dígale a quien le manda que aunque Jesucristo en persona bajara de la cruz, mañana nosotros estaremos en la sala de audiencias.

Dentro y fuera del palacio de justicia reina un clima feroz que los abogados no volverán a vivir en ningún otro juicio, como si la decisión de defender a la pareja fuera inmoral de por sí. Cualquiera que se acerque a los imputados —psicólogos, asesores, educadores— es una persona depravada a ojos de la gente, de los fiscales, de los jueces y de los compañeros de profesión. Los abogados saben que en ese momento histórico la condena es inevitable. Tras confesar, la prensa y la televisión han dispuesto de un año para pintarlos como dos asesinos, dos locos; un relato incisivo que ha penetrado en el torrente sanguíneo de la opinión pública y ha obstruido todos sus conductos. La fórmula procesal que precede a toda sentencia, «En el nombre del pueblo italiano», se funda en la influencia que el sentimiento popular ejerce en el tribunal. Cuanto más fuerte es ese sentimiento, más aumenta la presión sobre quien debe decidir y más se contamina el juicio. El juez es un ser humano, le resulta difícil elegir un camino impracticable, el de la impopularidad. Los defensores saben que van al encuentro de la derrota, pero confían hasta el último momento en que algo cambie de repente.

El anciano penalista decide unirse a ellos, se siente responsable porque ha sido él quien los ha metido en esto.

El primer grado es una trinchera, al menos así lo recuerdan: «Fuimos buenos espadachines, pero ellos nos respondían a cañonazos». El abogado desgrana los acontecimientos que se sucedieron, como un guion cuyas pausas se sabe de memoria:

1. una vez agotadas las pruebas de la acusación, el tribunal inadmite a cincuenta testigos de la defensa precedentemente admitidos. Son agentes del cuerpo de carabinieri de Como y de la policía financiera que han seguido varias pistas y que podrían sacar a la luz un relato alternativo de la masacre;

2. la acusación no llama a declarar a ninguno de los dieciocho técnicos de Criminalística que actuaron a instancia de los mismos fiscales. Lo hace la defensa. El tribunal solo admite a tres testigos, los de más alto rango. El coronel, responsable de la operación, declara en la sala de audiencias el 27 de marzo. Destaca la presencia en la escena del crimen de dos huellas de calzado que no pertenecen ni a la pareja ni a los equipos de emergencias, y, en la pared del pasillo, la huella sangrienta de la palma de una mano perteneciente a un sujeto sin identificar. En pocas palabras, queda probada la presencia de una o varias personas de identidad desconocida. Esa misma tarde, la agencia ANSA publica una noticia: el coronel está siendo investigado. La

investigación se remonta a una denuncia presentada tres meses antes, pero dan la noticia en ese momento;

3. los abogados recusan al tribunal, piden que el juicio se desplace a otra sede. Se rechaza la solicitud: no subsisten causas de recusación;

4. en la vista oral se recoge el testimonio del comandante del cuartel de los carabinieri de Erba para que dé cuenta de las investigaciones realizadas en los días siguientes a la masacre. Con respecto al primer registro efectuado en el coche de la pareja, la misma noche en que sucedieron los hechos, el comandante declara que sí, que el atestado está firmado por cuatro compañeros que antes habían estado en la escena del crimen —y, en consecuencia, habrían podido transportar el rastro de allí al coche, contaminándolo—, pero que en realidad el registro no fue efectuado por ellos, sino por otro compañero cuya firma no consta. La defensa, atónita, exige aclaraciones: firmar el acta de unas diligencias que no se han llevado a cabo constituye un delito de falsedad en documento oficial. El presidente del tribunal no se pronuncia;

5. la jueza adjunta de la corte penal presenta en la sala de audiencias la grabación de un interrogatorio del testigo ocular que se remonta al 15 de diciembre, cuando aún estaba ingresado en el hospital. Sostiene que el nombre de Olindo se distingue en la grabación gracias a un programa de edición de audio. El perito, que también fue nombrado por el tribunal, ya ha descartado que el testigo nombre al imputado en ese audio, al igual que lo excluyó el asesor técnico de la defensa. Antes de que pueda escucharse en la sala, el material se distribuye a la prensa junto con la indi-

cación de que se trata de la prueba de que el testigo reconoció a Olindo inmediatamente: «Ha sido Olindo» es la frase en la que hay que fijarse, un minúsculo fragmento sonoro oculto entre dos mil noventa y nueve escuchas. El tribunal milanés que enjuiciará la apelación dos años más tarde comprobará y establecerá que el audio fue manipulado de forma involuntaria: se confundió «Estaba saliendo» por «Ha sido Olindo». El testigo nunca nombró al imputado inmediatamente después de despertarse del coma.

Olindo y Rosa piden declarar, la audiencia se fija el 28 de febrero de 2008. Aún pueden optar por someterse al interrogatorio de la acusación, pero en la sala se escucharán las confesiones.

La mañana de la víspera de la audiencia, los abogados acuden a la cárcel del Bassone y no salen hasta bien entrada la tarde. Tras horas de discusiones y de tratar de tranquilizar a los imputados, deciden que Olindo hable primero, luego lo hará Rosa. Serán declaraciones espontáneas, no un contrainterrogatorio para el que no han podido prepararlos. Rosa tiembla como si temiera por su seguridad. La abogada también, pero solo de pensar en verla sentada ante el tribunal. En cada uno de sus alegatos, el fiscal, con los ojos fijos en la jaula y apuntando el dedo contra ellos, los exhortaba con insistencia a decir la verdad y prometía que demostraría que su retractación era el resultado de la garantía que les ofrecían las campañas de prensa favorables: los imputados cambiaron su versión porque les aseguraron que algunos periodistas los apoyaban.

A la abogada le viene a la cabeza la palabra mencionada por la psicóloga: «sugestionable». Sabe que Rosa podría confesar de nuevo, incluso sería capaz de traicionarlos dando a entender que ellos, sus abogados defensores, la han enredado. No lo hace por maldad; no está bien, por eso es peligrosa. La abogada y su colega temen que para congraciarse con la acusación pueda perjudicarse a sí misma y arrastrarlos a todos consigo. Este es el gran miedo que inspira el juicio de primer grado.

A las 10.30 abren la jaula. Olindo sale, da unos pasos inciertos hasta el asiento de los testigos y se sienta. Los abogados, en primera fila, lo miran. Rosa, sentada en el banquillo, lo mira a través de los barrotes amarillos de la jaula. La sala de audiencias está a rebosar, pero en silencio. Él lleva puesta una chaqueta gruesa, a rayas grises, cerrada por delante con una larga hilera de botones, una camisa vaquera y un pantalón azul marino. Va bien afeitado, peinado. Como diría ella, tiene un aspecto aseado.

«¿Se oye?». Da golpecitos en el micrófono, lo ajusta. Mira al presidente del tribunal. «Buenos días», dice. Es la primera vez que se expone al público. «Quisiera revivir aquel día, lo que hicimos hasta que nos arrestaron y cómo acabamos aquí, en esta sala de este tribunal, rápidamente, solo los puntos señalados, digamos. Aquel lunes». Habla lentamente, con la erre gutural, un detalle que todos los periodistas mencionarán al comentar su declaración. La inquietud de sus manos trasluce un azoramiento que contrasta con su corpulencia, su solidez. La víspera, asistido por sus abogados, planeó su declaración y marcó los límites para no perderse, para no dejarse llevar por su inclinación a la meticulosidad. Sin embargo, no lo consigue, al cabo de pocos minutos divaga sobre su costumbre de merendar dos cafés con leche y un bollo, y de fumarse después tres o cuatro cigarrillos «siempre en el mismo sitio, es decir, al lado del morro de la autocaravana y cerca del coche. Por un motivo muy sencillo, porque necesito un cenicero para tirar la ceniza y cerca de la autocaravana hay una tapa de alcantarilla con un agujero que es ideal para eso; cerca del coche, en cambio, hay una rejilla, un desagüe, donde tiro la colilla cuando acabo el cigarrillo; lo limpio regularmente, eh, no es que las tire y las deje ahí. Cuando acabo de fumarme mis cigarrillos, que son demasiados, vuelvo a casa y entonces me tumbo en el sofá y duermo».

Usa palabras sencillas, y acompaña con gestos amplios el esfuerzo que hace para explicarse. Rosa escucha, absorbida por el relato. Pálida, se mece en el banquillo.

Tras la noche de la masacre, «uno trataba de volver a la vida normal, pero ya no era vida normal. [...] Teníamos, digámoslo así, a los carabinieri prácticamente en casa casi cada día, porque cuando mi mujer llegaba ya se los encontraba allí. Al cabo de una semana me decía: "Ya están aquí tus amigos". Se presentaban tranquilamente, incluso bien entrada la tarde, a tomarme las huellas dactilares, a los dos días nos citaban en el cuartel para tomárselas a mi mujer, en fin, era una presencia casi constante. Nos molestaba un poco, pero ¿qué íbamos a hacer? No podíamos decir nada, cumplían con su deber. Lo único bueno, todo hay que decirlo, era que al estar de plantón en el patio nos daban seguridad. Eso fue lo único bueno, vaya».

A medida que teje su relato va perdiendo confianza; Rosa sigue meciéndose en el banquillo con la cabeza baja, encogida.

«... Además de los carabinieri, que molestaban un poco, estaban los periodistas, y de ellos estábamos hartos, porque conseguían entrar a pesar de la verja. Era un sinvivir. Queríamos movernos, o sea, salir de allí o ir a casa de alguien, pero nos seguían allá donde íbamos. Entonces nos dijimos: "Mejor nos quedamos, al menos los tenemos aquí y no molestamos a los demás", porque mucha gente del edificio que tenía otra casa cogió el portante. Y así llegamos al 8 de enero, que fue cuando nos detuvieron».

Rosa, hecha un ovillo, se pasa las manos por el cuello, se sujeta la cara para tratar de esconderse de las cámaras, fijas sobre ellos.

La mañana del 8 de enero, van a trabajar y vuelven a la casa, sitiada por los periodistas y vigilada por los carabinieri. «Diez minutos o un cuarto de hora después, no lo sé, vienen los carabinieri, el subteniente con otros dos que ahora no recuerdo, y nos dicen que los sigamos porque la situación es insostenible, que iban a arreglar las cosas. ¿Qué hacemos? Nos hicieron subir al coche [...], y me dije para mis adentros: "Nos llevan al cuartel de Como". Pero no fue así, no fue así y se me cayó el alma a los pies cuando, para decirlo en dos palabras, nos encontramos delante de la cárcel del Bassone. En ese momento tuve la sensación... ¿sabe cuando llevan a los perros a la perrera para abandonarlos? Pues esa fue la sensación que tuve, que éramos dos perros que había que atrapar y abandonar en la perrera, porque nadie nos había dicho nada. Pero llegados a este punto, ¿qué podíamos hacer? Siempre me acordaré del subteniente, que nos deseó buena suerte».

Rosa aprieta los puños, se balancea, de vez en cuando para, no es capaz de mirarlo. Parece derrotada.

«Pues eso, luego entramos y nos ponen prácticamente en aislamiento, mi mujer en la cárcel de mujeres y yo en la de hombres».

Los abogados han necesitado años para reconstruir los acontecimientos que se sucedieron del 8 al 10 de enero. Sentados en la sala, en el lugar adscrito a la defensa, miran a Olindo. Ven un plano que se inclina con un movimiento vertiginoso.

8 de enero. Primeras horas de la tarde.
Junto con la orden de detención, la fiscalía emite la prohibición de entrevistarse con el defensor de oficio. Los encierran en celdas separadas. A la espera de declarar ante el fiscal, Rosa está sola por primera vez desde el día en que se casó. No tiene nada consigo. Entre sollozos y quejidos, a lo largo de treinta y dos minutos, pregunta sin parar: «Olindo, ¿dónde estás?»; «¿Por qué me has dejado sola?»; «Te lo ruego, Olindo, ayúdame»; «No quiero estar aquí»; «Te lo suplico, no te vayas»; «Te echo mucho de menos»; «No me dejes sola, por lo que más quieras»; «No lo soporto»; «Ayúdame, por favor, ¿dónde estás?»; «Vuelve, te lo ruego». Y así durante unos minutos más que no se guardaron en un archivo porque se consideró que no eran útiles para las investigaciones. Como ruido de fondo, voces masculinas y otros rumores, la vida ordinaria de la cárcel.

17.15 horas.
Son interrogados por cuatro magistrados, en presencia del subteniente de los carabinieri; primero él y luego ella. A los dos les informan detalladamente de la agresión sufrida por el

superviviente, incluso mediante la lectura de su testimonio. A los dos les dicen que:

han sido hallados en su coche rastros de sangre de una de las víctimas y del superviviente (una sola mancha, invisible a simple vista);

hay manchas de sangre en un pijama y en unos vaqueros requisados de su lavadora la noche de los hechos (nunca se halló ninguna mancha);

su coartada no se tiene en pie;

está claro que la masacre fue perpetrada por dos personas y los magistrados saben que esas dos personas son ellos.

A ninguno de los dos se les dice que:

no se ha hallado ADN de las víctimas en su casa ni ADN de ellos en el lugar de la masacre;

al despertar del coma, el testigo señaló como agresor a un hombre que no era Olindo y mantuvo esta versión a lo largo de dos semanas.

A los dos les presentan la siguiente perspectiva:

con todas esas pruebas en su contra, cualquier tribunal de Italia dictará cadena perpetua (a él: «Acuérdese bien de que estamos hablando de la posibilidad de que permanezca el resto de su vida en la cárcel, porque estamos convencidos de que es culpable, ¿entiende?»; a ella: «Su vida, buena mujer, está acabada, ¡con estas pruebas inculpatorias el tribunal le dará la perpetua en menos que canta un gallo!»);

la separación para siempre.

Los dos, cada uno por su cuenta, resisten el golpe y se declaran inocentes. Acosada por la reconstrucción de los magistrados, ella niega más de treinta veces, rotundamente, que su marido y ella estén involucrados; él hace lo mismo con menos vehemencia.

Alrededor de medianoche.

Les permiten verse, y en ese primer encuentro graban la conversación. Él la tranquiliza, la anima a ser fuerte, a tener valor, a recordar todo lo que han hecho juntos. Ella está desesperada, quiero morir, le dice. Cuando él menciona que ha leído en el «papelujo» (Olindo no sabe nombrar la orden de detención) que el testigo lo ha reconocido y que hay una mancha en el coche, ella reacciona con incredulidad.

—¿En nuestro coche? —Rompe a llorar—: ¿Por qué nos ha pasado esto? ¿Por qué nos hacen esto? No es verdad.

—No te preocupes, ellos tienen esas cosas contra nosotros, nuestro abogado las negará y luego ya veremos. Aún es pronto para saber cómo están las cosas, ¿no? De la misma manera que ayer no sabías lo que pasaría hoy, hoy no sabes lo que pasará mañana, ¿no? Pero tienes que animarte. No llores tanto. ¿Me lo prometes? —dice él.

—¿Por qué no nos ayuda nadie?

—No te preocupes.

—Nos quitan todo lo que hemos construido —Rosa arrastra las palabras en el llanto.

—Da igual, Rosa, da igual. Lo importante es que nos tenemos el uno al otro. No pienses en la casa y eso, son cosas que pueden recuperarse. Por ahora, veamos qué pasa, vayamos por partes... no llores, ea.

Pero ella llora a moco tendido mientras un celador acompaña fuera a Olindo. La grabación, que se escucha en directo, no se transcribirá hasta el 28 de mayo de 2007 y será enviada a la fiscalía el 6 de junio.

Los abogados habrían querido estar presentes entonces para explicarle a Rosa que no había nada contra ella —el testigo no la había mencionado, la mancha que encontraron en el coche estaba en el lado del conductor—, y para decirle a Olindo que las pruebas eran endebles, escasas, y no se tendrían en pie ante un tribunal. Habrían querido explicarles a los dos que, una vez que los magistrados hubieran recogido sus testimonios, los habrían puesto a disposición del juez de primera instancia, que les preguntaría si mantenían la declaración de inocencia que acababan de emitir y decidiría las eventuales medidas aplicables. Los abogados están convencidos de que el juez no habría tenido otro remedio que dejar en libertad a Rosa y quizá retener un poco más a Olindo —si no excarcelarlo enseguida—, mientras se llevaban a cabo ulteriores averiguaciones. Había una sola posibilidad de volver a ser interrogados por los fiscales antes de que intervinieran el juez de primera instancia y el abogado defensor: que ellos lo pidieran voluntariamente.

«Tras dos días incomunicados, no tenía noticias de mi mujer, no sabía si estaba bien o mal, y ella no tenía noticias mías. Fue un sufrimiento. Recuerdo que el 10 por la mañana, ya llevábamos dos días allí, llegaron dos carabinieri a tomarme las huellas dactilares. Aquel fue el peor día de mi vida, el peor. Empezó por la mañana y siguió hasta la noche, no veía la hora de que acabara, ¡madre mía! [...] Unos quince minutos después acabaron de tomarme las huellas, pero me retuvieron allí, con ellos, y me dijeron cosas como: "¿Usted sabe lo que ha hecho? ¿Es consciente de la gravedad de su situación?", y también hablaron de otras cosas, del crimen y todo eso, y lo peor, sin duda, fue cuando prácticamente me explicaron lo que se me venía encima. [...] Me dieron una paliza moral que nunca olvidaré, me dijeron... que mi mujer y yo corríamos el riesgo de que nos condenaran a cadena perpetua, mi mujer y yo, que no volveríamos a vernos porque cada uno iba a una cárcel distinta. Mi mujer, que es todo lo que tengo en este mundo, que yo renuncio a todo menos a ella; como ya dije en la cárcel: ponednos en una celda y dejadnos ahí el resto de nuestras vidas, ¡pero juntos! Separados no. Encerradnos juntos, dejadnos dentro, nos da igual, de todas maneras estaremos bien. Pero juntos».

En el silencio irreal de la sala de audiencias, la voz de Olindo se quiebra. Rosa se sujeta la cabeza, llora en silencio. Por un pudor instintivo, con movimientos imperceptibles de los ojos, los abogados apartan la vista del asiento de los testigos.

La mañana del 10 de enero, la cárcel del Bassone se vacía inexplicablemente de funcionarios de prisiones. Mientras empieza un continuo vaivén de gente, caótico e inusual, el inspector y un par de colegas se quedan solos en el edificio. El inspector jefe se ve obligado a ir y venir de la entrada al módulo para escoltar a magistrados, carabinieri, policía y un técnico de sonido. De los carabinieri que toman las huellas a Olindo, solo uno ha sido autorizado oficialmente, el otro entra como acompañante.

«Pues nada, me presentaron esa perspectiva y luego me presentaron otra que era mejor que la primera, que era realmente mala; esta otra me animó un poco, porque me dijeron: "Mira, si te declaras arrepentido, confiesas y colaboras con la justicia, entre las reducciones, la buena conducta y las atenuantes, sales en cinco años. Los arrepentidos colaboran, ¿sabes?". Ah, declararme arrepentido... además podía mejorar la situación de mi mujer, podía mejorar las cosas arrepintiéndome y asumiendo la culpa. Estaba ante esa encrucijada, ¿qué podía hacer? Estaba prácticamente confundido, desesperado, porque me desesperaba la perspectiva de no volver a ver a mi mujer, y como no había nadie conmigo que me aconsejara, no sé, qué hago, qué no hago. Entonces me decidí por el mal menor. Antes que no ver a mi mujer por el resto de mi vida prefería pasar cinco años en la cárcel, y entonces dije: "Mire, hagamos una cosa, llame al magistrado, al fiscal, al juez", no sé, a quien sea, "que confieso", creyendo que era el mal menor, eso creí. Por lo que me planteaban, entre una cosa y otra, me convencí de que el mal menor era arrepentirme y confesar. Pero ¿qué iba a confesar? Nosotros no habíamos matado a nadie, ¿eh? ¡Lo digo en serio! No habíamos matado a nadie».

Al declararse inocente se le quiebra la voz y toda la emoción que siente se le concentra en la barbilla, como a los niños. Olindo a duras penas se contiene ante el tribunal. Dentro de la jaula, Rosa no deja de golpearse suavemente la cabeza con los puños.

La sala ya ha escuchado a los dos carabinieri en la audiencia anterior; le han contado al fiscal que se entretuvieron tres minutos escasos para tomarle a Olindo las huellas dactilares y que se limitaron a recoger su confesión; Olindo estaba ansioso por desahogarse y descargar su conciencia. En el contrainterrogatorio, el viejo penalista actúa dejándose llevar por el instinto. Presiona a los carabinieri, por turno, con preguntas dirigidas a desentrañar el momento en que, según ellos, recogieron la confesión de Olindo. Al abogado, que se sienta a su lado, le hierve la sangre: es una estrategia muy peligrosa, piensa, no sabemos qué van a responder y no controlamos el peligro. «Estaba cabreadísimo», dice sonriendo cuando lo recuerda.

Siguiendo el hilo de las preguntas que desgrana el penalista, los minutos que los carabinieri aseguran haberse entretenido con Olindo pasan de ser tres a ocho, para acabar admitiendo que fueron tres horas. Tres horas durante las cuales le hablan de los detalles de la masacre. Según ellos, todo empieza a raíz de una frase que Olindo pronuncia: «Mi mujer no tiene nada que ver en esto, mi mujer es inocente», a lo cual uno de los carabinieri responde: «Si afirmas que tu mujer es inocente, algo habrás hecho tú, te habrás enterado de algo o algo habrás oído». Acto seguido, Olindo lo invita a llamar a los magistrados para liberar su conciencia. Bajo la presión del penalista, la confesión deja de ser una confesión para convertirse en «una admisión a medias», cuyas palabras exactas el carabiniere no recuerda, aunque, sin que nadie lo interpele, puntualiza que no le pareció «una cosa sonsacada».

A las once de la mañana, los carabinieri llaman por teléfono a los magistrados, que llegan alrededor de las dos de la tarde. Durante la espera, charlan con Olindo de autocaravanas, de pajaritos y de reducciones de condena en caso de admisión de culpa. El penalista tuvo una intuición certera, la rabia que su colega sintió en un primer momento se convirtió en admiración.

10 de enero.
14.45 horas

Tras convocarlos, Olindo se halla de nuevo ante los cuatro magistrados; también están presentes el fiscal jefe, cuatro carabinieri, un par de agentes de la guardia penitenciaria y el defensor de oficio.

Le presentan de nuevo las pruebas inculpatorias a su cargo, que pesan como piedras. Sin duda el juez instructor confirmará la prisión para él y su mujer. Si confiesa, puede mitigar el daño.

—¿Es el mal menor? —pregunta—. Lo que debería hacer ahora, ¿no puedo hacerlo después de haber escuchado al juez instructor?

—En lo que respecta a nosotros, hoy se cierra el procedimiento con lo que tenemos. Usted puede decir lo que quiera, pero ya no tiene importancia, ¿lo entiende?

No, está confundido, de nuevo pide hablar con el juez instructor. Lo ponen frente al hecho de que ha sido él quien los ha llamado y le piden que se explique.

—Sinceramente no tenía nada que decir, lo he hecho para ver a mi mujer. Era la única manera que tenía de verla —responde.

Silencio.

—¿Puedo ir un momento a verla y vuelvo? Será solo un segundo.

—Podemos hacer otra cosa: acabemos este interrogatorio y luego va a hablar con su mujer.

El defensor le pregunta de nuevo por qué ha convocado a los magistrados.

—Porque quería ver a mi mujer, eso es lo que quería. Me dijeron: si te sometes a un interrogatorio, te dejaremos verla.

Los magistrados ponen en duda sus palabras, no le creen, lo invitan a distinguir entre su posición y la de Rosa. Olindo está a merced de la situación. El defensor pide a los magistrados que le concedan hablar brevemente con su cliente. Deniegan su petición. Los magistrados insisten. Están seguros de que Olindo siente la necesidad de decir algo, es evidente.

—¿Acaso quiere contarnos la verdad?

—Bueno, sí.

—Vamos a ver, si ahora salimos de esta habitación y usted se ha mantenido en silencio, significa que renuncia a decir la verdad.

—No, o renuncio a decir la verdad o mantengo lo que he dicho hasta ahora.

Los magistrados se alteran, que no se pase de listo.

—Sabemos lo que pasó, punto por punto, se nota perfectamente que usted no aguanta más.

—Bastante tengo con lo mío.

Debe «desembuchar» todo lo que ha hecho porque ahora tienen una prueba más: en el coche no solo hay sangre de una de las víctimas, sino que se ha descubierto que está mezclada con la del testigo.

Este hecho nunca quedará establecido.

Si habla, puede mejorar la situación de su mujer, porque llegados a este punto ellos ya lo saben todo, todo.

—Mi mujer no tiene nada que ver —replica Olindo sin dudarlo.

—Bien, pues díganos qué tiene que ver usted, o con qué tiene que ver su mujer o no.

Según ellos, todo lo que Olindo ha dicho hasta ahora son «gilipolleces».

Olindo repite sin parar que no sabe qué hacer, pide consejo al defensor, e incluso a los magistrados.

—¿Qué tengo que hacer?

Al final, tras un tormento para él interminable:

—Me reafirmo en todo lo dicho, espero al juez instructor.

Luego pide de nuevo ver a Rosa.

—No, basta. A su mujer la van a trasladar a otra prisión y ya no puede verla.

Concluye el interrogatorio.

Sin embargo, la ve poco después en una sala contigua. De ese encuentro también existe una grabación, escuchada en directo, que no se transcribirá hasta el 1 de junio de 2007 y que se depositará el día 6.

Le dice que ha hablado con el magistrado y que si quieren acabar de una vez por todas con esa historia es mejor contar la verdad. Rosa reacciona impulsivamente:

—¡Pero si no hay nada que contar, nada! Todo esto, Olly, es... es algo que... han hecho ellos, ellos lo han hecho todo, ahora voy y se lo repito, ¡se lo habré dicho mil veces!

—Si por desgracia encuentran algo, te juzgan y te condenan a cadena perpetua. Si en cambio confiesas, tienes atenuantes y el procedimiento abreviado. Dinos la verdad, que tu mujer no tiene nada que ver, que solo te ha servido de coartada y no te caerá nada.

Ella, incrédula:

—Pero no es verdad, Olly. ¡No es verdad!

Olindo está consumido, nunca lo admitirá, su único propósito es que ella salga libre.

—No sé si seguir así, dejarlos que hagan lo que tengan que hacer y cargar con lo que me echen o si no... confesar.

Rosa no lo entiende.

—Pero ¿qué vas a confesar? ¡No hemos sido nosotros!

—Ya lo sé, pero así cortamos por lo sano con todo esto, imagínate que fui yo. —Su estado de confusión es descomunal.

—Pero ¿cuándo fuiste arriba, Olly?

—Lo sé, Rosa, es para cortar por lo sano.

—Pero ¿por qué vas a decir lo que no es? ¡No es verdad, Olly! Sabes que todo eso es mentira, y yo seguiré diciéndolo. —Llora—: ¿Qué quieres hacer?

—Si lo hacemos como digo yo, obtenemos beneficios y tú te vas a casa.

—Pero, Olly, ¿qué voy a hacer en casa? ¿Quieres que salga de aquí para tirarme debajo de un tren?

Él la abraza. La consuela. La aprieta. Se oyen los sollozos de ella.

—Dios mío, te echo mucho de menos, Olly. —Lo que más le duele es estar en la habitación contigua y que no pueda verla—. A veces me parece que te oigo a través de la pared.

Los carabinieri entran para llevarse a Olindo. Los separan de nuevo.

—Acabemos con esto, cariño —le dice él antes de salir.

Ella se queda sola. Hace frío. La agente le pregunta si ha entrado en calor al lado del radiador, ella piensa en algo muy distinto.

—¿Qué hacen ahí fuera?

La mujer trata de tranquilizarla.

—Dígales...

—¿Qué quiere que les diga?

—Que no es cierto.

—¿A qué se refiere?

—Las cosas que están pasando. Él no tiene que cargar con la culpa, está cargando con la culpa. Te lo ruego, ¿me ayudas? No debe hacerlo. ¿Puedes decirle que venga aquí un momento?

—Ha dicho que vendrá en cuanto pueda.

—¿Quién hay ahí dentro? ¿Solo el magistrado y mi marido?
—No lo sé, señora.
—¿Puedes decirle algo a mi marido?
—¿Qué quiere que le diga?
—Que yo me echaré la culpa. Que no se preocupe, que no me da miedo estar aquí dentro. Díselo, te lo ruego.
—Yo no puedo decirle eso. Eso tiene que decírselo usted al magistrado. Yo no soy quién para hacerlo.
Rosa suspira.
—¿Por qué?

A partir de ese momento, los dos empiezan a rivalizar por imputarse la masacre. Las confesiones se desgranan y se multiplican. Es difícil reconstruir su sucesión exacta porque en las actas no siempre consta cuándo empiezan y cuándo acaban. La primera en entrar es Rosa; preocupada por el hecho de que Olindo pueda llevar a cabo su plan, se le adelanta.

15.25 horas
Del interrogatorio solo se indica la hora de inicio, no cuándo acaba ni cuánto dura. Cincuenta y seis páginas de transcripción. Encima de la mesa, pueden verse las fotos de la masacre.
En cuanto se sienta, pronunciadas las fórmulas procesales, dice: «Fui yo, porque ya no la aguantaba. [...] Mi marido estaba abajo y no quería —y añade—: Él solo prendió el fuego».
Mientras traza su relato, dice que la luz de la cocina estaba encendida. Cuando le hacen notar que en casa de la víctima

la corriente estaba desconectada, dice que era la luz de la escalera comunitaria. Replican que la luz de esta funciona con temporizador y ella manifiesta que la encendió tres veces.

El registro de la compañía eléctrica y las investigaciones del Servicio de Criminalística no confirman ninguna de sus declaraciones.

Puso la ropa y las armas del delito en una bolsa de basura y la tiró detrás de su casa, en la carretera de Como, desde el coche. Cuando le recuerdan que no tiene carnet de conducir, calla. Luego dice que iba con Olindo. Él le preguntó qué llevaba en la bolsa y por qué quería tirarla. Al poco, cambia de nuevo la versión y sostiene que Olindo estaba con ella y que golpeó al superviviente en la cabeza.

Pero el superviviente no sufrió golpes en la cabeza.

—Oiga, señora, algunas de las cosas que nos ha contado son ciertas y otras no. Volvamos a empezar, desde el principio —dice el fiscal—. A propósito de las armas del delito: ¿dónde cogió la barra de hierro?

—Por ahí.

—¿En casa o fuera?

—Fuera.

—¿Dónde?

—¿Sabe dónde dejan las bolsas de la basura?

—¿En los contenedores?

—Abajo, donde están...

—El vertedero.

—Sí, eso.

[...]

—¿Cómo era el cuchillo?

—Normal, un *cochillo* del taco.

—¿Del taco?
—Esos tacos de madera que...
—Así que en el taco falta uno.
—Sí, pero no de los que faltan en el taco, es un *cochillo* suelto de esos de la cocina.
—¿Y lo tiró junto con la ropa?
—Sí.
—Oiga, señora, lo que nos cuenta no es verdad, es decir, en parte lo es, pero no del todo. Usted quiere salvar a su marido, ¿no?
—No, es verdad.
—No es verdad, señora, no lo es.

No se creen la reconstrucción del crimen que hace Rosa, cómo, cuándo y con qué golpeó a las víctimas, porque nada encaja con las pruebas científicas.

Sostiene que agredió a la chica, la mató y esperó veinte minutos en la casa porque quería asegurarse de que estaba muerta. Y cuando llegó su madre, también la mató.

Olindo dirá que las dos mujeres llegaron juntas y que el niño iba con ellas.

—Es imposible que haya hecho todo usted sola, porque se necesita fuerza, valor, rabia. Y usted no la tiene.

Rosa continúa, el niño se escapó de los brazos de su abuela y gritaba.

Nadie oyó gritar al niño.

Su marido y ella prendieron fuego a la casa con un mechero, no menciona acelerantes.

La policía científica detectó la presencia de acelerantes.

Quemaron la cama de matrimonio y la cama del niño.

Los puntos de origen fueron tres.

Encendió el fuego con un mechero de color naranja.

El mechero se halló en la casa de la masacre con las huellas de una de las víctimas, la mujer que vivía en el piso de arriba. No había ninguna otra huella.

Lo cogió de su casa, era de Olindo.

Olindo nunca mencionará un mechero de color naranja.

Le preguntan si su marido y ella quemaron a las dos mujeres, lo niega en varias ocasiones.

Los cuerpos de las mujeres estaban quemados.

Durante el relato, cambia el arma homicida, que de «barra de hierro» se convierte en «palo».

El palo es incompatible con los resultados de la prueba pericial del forense.

Usó un solo cuchillo.

Según Olindo los cuchillos son dos.

Los fiscales le hacen notar que la dinámica de las agresiones reconstruida por los especialistas es diferente de la que ella les cuenta. Entonces modifica el relato y le da un giro aún más inverosímil: primero atacó a las dos mujeres, luego al niño, y por último volvió a las mujeres porque «gritaban y hacían que le entrara dolor de cabeza».

Las víctimas murieron inmediatamente a causa de los golpes recibidos en la cabeza, que les fracturaron el cráneo.

Vuelve al tema de la agresión del superviviente.

—Olindo le dio un puñetazo y él se cayó, y yo, que aún tenía las cosas en la mano, le pegué.

—¿Dónde?

—En la cabeza.

—No es verdad.

El superviviente no sufrió ningún golpe en la cabeza.
—Cuando estaba en el suelo.
—No es verdad.
—¿Cómo que no es verdad?
—No, no es verdad, señora.

Antes de concluir el interrogatorio, un magistrado le pregunta qué hicieron luego.

—¿Se lavó antes de salir?
—Me enjuagué las manos.
—¿Solo las manos?
—Sí.
—¿Por qué?
—Porque las tenía sucias, por eso.
—¿De qué?
—De sangre.
—¿Dónde se las lavó?
—En el lavadero.
—¿La ropa estaba muy sucia?
—No, normal.

Según los peritos, quienes perpetraron la masacre debieron de embadurnarse de pies a cabeza. El Servicio de Criminalística no encontró un solo rastro de sangre en las tuberías del piso de la pareja ni en el lavadero. Pero si Rosa no se hubiera lavado, habría sido imposible no manchar el salpicadero, los tiradores y los asientos del coche. En el habitáculo no había rastros de sangre.

Le preguntan cómo se hirió el dedo.

—No lo sé, pero creo que debió de ser cuando luchaba con la señora del piso de arriba.

Olindo dirá que fue él quien la hirió sin querer. Más tarde, ella dirá que una de las víctimas la mordió mientras forcejeaban.

Dice que resbaló, se golpeó una rodilla contra el suelo y se apoyó en la pared.

No hay huellas ni en la pared ni en el suelo.

—Mire, señora, ahora la dejaremos descansar. Piense bien en lo que ha dicho porque buena parte de lo que nos ha contado no se tiene en pie.

[...]

—¿Puedo pedirle una cosa?

—Por supuesto.

—No le hagan daño al Olindo.

—Nosotros no le hacemos daño a nadie. [...] No se crea que así se saldrá con la suya, es más, solo se perjudica a sí misma y a su marido, arma un gran lío en un asunto en el que, como suele decirse, todos están en el mismo barco. No se crea que así salvará a su marido... me hago cargo de que están muy unidos...

—Mucho.

Llora.

—Están muy unidos, pero...

—Él no puede vivir aquí dentro. Estoy segura de que hará algo.

—Por supuesto que no, señora...

—Y entonces lo pierdo para siempre.

Sigue llorando.

—Oiga, señora, a nadie le gusta estar aquí dentro, las personas que entran aquí en cierto sentido están perdidas, pero usted ya se perdió el día que hizo lo que hizo, ¿entiende? Debe encontrar la manera, la manera...

—De cargar con la culpa.

—¡No! —responden los magistrados todos a una—. La manera de aliviar su pesadumbre. Quizá solo interiormente, porque ni su marido ni usted pueden salir de aquí, ¿entiende? Pero si quiere al menos poder dormir por las noches y no pasarse el día llorando, como ahora, tiene que contarnos la verdad.

—No soy capaz de explicarme. Ustedes pregúntenme y yo...

—Vamos a hacer una cosa: déjenos reflexionar también a nosotros. Usted váyase ahora a descansar, y si luego necesitamos que nos aclare alguna cosa la llamamos, ¿le parece bien?

—No torturen al Olindo, se lo ruego.

[...]

—Ayúdenme, se lo ruego, no le hagan daño al Olindo.

[...]

—Dejen que se vaya, dejen que se vaya.

16.00 horas

Olindo vuelve ante los magistrados, no se indica a qué hora acaba el interrogatorio. El acta contiene noventa y cinco páginas. Las fotos siguen sobre la mesa.

Nada más sentarse, lo informan de que su mujer ha confesado y se ha echado la culpa de la masacre. Para probarlo, le hacen escuchar los primeros dos minutos de las declaraciones de ella. Al principio, el hombre resiste.

—Su mujer nos ha dado detalles que solo quien presenció el crimen podía conocer.

Olindo titubea, suspira, repite «no lo sé», «¿tengo que seguir?», «¿puedo pensarlo unos días?».

Luego cede.

—No, no, mi mujer no tiene nada que ver.

Y partiendo de la premisa de que no lo recuerda «todo, todo, todo», cuenta que cuando llegaron las dos mujeres con el niño él las siguió desde el patio hasta el rellano y luego entró.

—Perdone, ¿entró en el piso?
—Sí, en el piso.
—¿Y cómo abrió la puerta?
—Estaba abierta, estaba abierta.
—Y eso, ¿por qué?
—No lo sé.
—Pero ¿usted podía ver el interior?
—Sí, sí, veía el interior. La puerta estaba abierta, pero supongo que porque iban a bajar la basura, había una bolsa de basura.

No se halló ninguna bolsa de basura.

Dice que golpeó a las dos mujeres, que se ocupó del niño y que luego, «como ellas seguían debatiéndose, volví y les di unas puñaladas bien dadas».

Las víctimas murieron a causa de los golpes que les fracturaron el cráneo.

Tras apuñalarlas repetidamente, visto que no morían, «les puse un cojín en la cara para ahogarlas».

No había indicios de ello en ningún cojín.

También se equivoca cuando menciona los puntos en los que prendió fuego y sostiene que no usó acelerantes, que utilizó un encendedor amarillo.

Reconstruye la agresión al matrimonio sin concretar qué armas usó ni de qué manera lo hizo. Luego menciona una «barra de hierro», que más tarde se convierte en una «barra pequeña», forrada, que no recuerda si cogió del coche o si encontró en casa. Habla, por último, de una Opinel, una navaja que ya no cortaba. Se la mete en el bolsillo, empuña la barra con la mano derecha y el cuchillo con la izquierda y sale de casa dispuesto a darles una lección. Cuando acaba, entra en el lavadero, su mujer está ocupada en las labores domésticas y no se da cuenta de nada.

No hay ningún rastro en el tirador de la puerta del lavadero, tampoco en su interior.

Se desnuda, se mira al espejo: «Estaba limpio».

Él también, como Rosa.

No sabe por qué lo hizo, repite siete veces en pocos minutos. Si hubiera encontrado la puerta cerrada, habría vuelto a casa, en cambio «el destino, la mala suerte, no sé, quiso que la puerta estuviera abierta».

Desconectó el contador de la luz, para asustarlas, un poco antes de que llegaran, es decir, a las ocho.

El contador se desconectó a las 17.40.

Las ventanas de la casa estaban abiertas, él solo cerró la del dormitorio.

Cuando llegaron los servicios de emergencias, todas las ventanas estaban cerradas.

Le preguntan si le contó a su mujer lo que pasó allí dentro.

—No muy bien, eh, no muy bien.

—Perdone, pero entonces ¿cómo conoce su mujer el desarrollo de los hechos?

—Puede que le haya contado alguna cosa, partes, de eso no estoy seguro, no puedo decírselo con seguridad, porque con tanta cosa no me acuerdo, no... sinceramente no, yo le digo todo esto porque mi mujer se está echando la culpa y ella no tiene nada que ver. Ya está.

—Pero lo que nos está contando ¿es la verdad?

—Sí, les estoy contando la verdad. Esta es la verdad, el culpable soy yo.

Reanuda el relato. No sabe decir cuántos golpes le dio a la primera víctima.

—Ella puso cara de sorpresa.

Luego golpeó a la madre; no recuerda en qué lugar de la casa estaba.

—Ella también puso cara de sorpresa.

Le piden que concrete.

—Pero ¿usted apuntaba donde quería herirla o le daba al tuntún?

—No, más o menos al tuntún...

—¿Y por qué todos al cuello?

—No lo sé, no sé por qué todos al cuello, no... no sé por qué todos al cuello.

> Los magistrados insisten en las heridas del cuello porque son parecidas y no pueden ser fruto de un ataque casual.

Le piden que reconstruya la disposición de los muebles del dormitorio.

No sabe decir cómo era la casa. No sabe dónde ni cómo estaban dispuestos los cuerpos, arriesga una hipótesis y se equivoca, luego dice que no lo recuerda.

Le preguntan si tocó los muebles, si puso las manos sobre ellos.

—No, creo que no toqué los muebles, no.

> La casa estaba patas arriba, como si alguien la hubiera registrado.

Le piden que describa el momento en que, tras prender fuego, sale al rellano y se produce la agresión al vecino de arriba, el superviviente que lo identificó.

—Bien, dígame cómo le golpeó.

—Pues nada, yo, *pum,* salí... ese es otro de los detalles que no consigo enfocar. Debo de haberlo golpeado dos veces, una o dos veces, no lo sé, con la barrita de hierro.

—¿Dónde?

—Yo apunté a la cabeza, pero no sé dónde le di, puede que le diera en el hombro, no lo sé... se quedó parado, como sorprendido...

> El vecino solo sufrió heridas de arma blanca, y ninguna en la cabeza.

Luego lo hirió en el cuello, con la navajita.

—¿Cómo? ¿Por detrás, por delante, de qué manera?

—Ahora no lo recuerdo...

Le preguntan cuántas veces.

—No sé cuántas veces lo apuñalé, de eso no me acuerdo.

Entonces los magistrados pasan a la esposa del vecino. Interrogado, manifiesta que no recuerda si le vio la cara. Interrogado, manifiesta que quizá le dio dos o tres golpes en la cabeza.

—¿Cómo, con la barra de hierro?

—Con la barra de hierro o con el cuchillo..., no, espere, con la navaja que llevaba en la mano, que si no me equivoco se rompió, pero ahora no recuerdo si le di...

> La mujer recibió treinta y cinco cuchilladas en el cuerpo y siete golpes en la cabeza, asestados con un objeto contundente; fueron cuarenta y dos heridas en total.

Interrogado sobre cómo se le ocurrió incendiar la casa, manifiesta:

—No lo sé, lo hice sin pensar.

Sobre las armas:

—¿De dónde las sacó, del coche?

—El cuchillo del coche, sí. La barra no lo sé, no me acuerdo.

—Mire, su mujer nos ha dicho que encontraron la barra en el vertedero y se la llevaron a casa.

—No lo sé, sinceramente, no... podría ser.

Le hacen notar que su relato no encaja con el de su mujer, que afirma que pusieron la ropa y las armas en una bolsa de basura que dejaron en la puerta del lavadero y luego tiraron al contenedor.

—No creo que ella las viera.

—Pero nos lo ha contado ella.

—Entonces me vio.

Los fiscales están a punto de perder la paciencia.

—Señor Romano...

—Puede que ella me viera a mí, pero yo no la vi.

—¿Cómo es posible?

—Sí, se pusieron en una bolsa, sí.

—Y también nos ha contado dónde la tiraron y que lo hicieron cuando estaban..., antes de ir a Como. Óigame, señor Romano...

—No, espere, estoy intentando acordarme porque yo no recuerdo todo lo que pasó, sinceramente.

Los magistrados informan a Olindo de que el relato de su mujer es idéntico al suyo y por lo tanto la conclusión categórica es que los dos estaban presentes.

Un momento antes le habían hecho notar la incongruencia entre sus declaraciones y las de Rosa.

Vuelven al niño y al incendio de su cuarto.

—¿Por qué no puede decirnos nada acerca de esto?

—Ahora no... sinceramente no...
—Venga, señor Romano. Sinceramente, lo hizo su mujer.
—No, mi mujer no tiene nada que ver.
—Su mujer nos ha explicado cómo agredió al niño.
En el interrogatorio precedente le pidieron a Rosa que les mostrara cómo había agredido al niño porque no conseguía orientarse en el espacio; ella reprodujo la acción al contrario.
—No se perpetra una masacre de este alcance sin ayuda, en diez minutos.
—Su mujer no tiene la fuerza necesaria para golpear con una barra de hierro.
—Su mujer dice que fue usted quien desconectó la luz.
Olindo está bajo presión.
Lo apremian:
—Mire, se lo digo con el corazón en la mano: a pesar de que la situación es dramática tanto para usted como para su mujer, la única manera que tiene de ayudarla un poco, y que ella tiene de ayudarle un poco a usted, es contar exactamente lo que hizo cada uno, ¿entiende? Porque estas contradicciones no les benefician a ninguno de los dos.
[...]
—Fui yo, mi mujer no tiene nada que ver.
De nuevo le piden detalles, de nuevo no acierta ni uno.
Insisten en la complicidad de Rosa, él niega.
—¿Sabe cuál será la consecuencia de su comportamiento? ¿De no contar la verdad? Que meterá definitivamente a su mujer en un lío, porque su mujer se ha echado la culpa y nos ha dado unas explicaciones que solo alguien que estaba allí podía conocer.

Suspenden el interrogatorio para dar a Olindo la posibilidad de hablar con su abogado defensor. No consta cuánto dura la pausa ni con quién estuvo. Cuando vuelve, quiere que uno de los carabinieri que le tomaron las huellas dactilares por la mañana permanezca a su lado, porque «se fía de él».
La premisa:
—Ahora os contaré toda la verdad, pero los detalles los dejamos para más tarde, hablamos de ellos más tarde porque...
—De acuerdo.
—Quiero que sepan lo siguiente: me equivoqué, lo sé, debo pagar por ello. Yo quisiera ver a mi mujer de vez en cuando, ¿es posible?
—Sí, pero más adelante...
—Sí, sí.
—No inmediatamente.
—No, no. Pero ¿es posible?
—Por supuesto, es posible.
A partir de ese momento, Olindo vuelve a empezar el relato de la masacre; de nuevo lo llena de «no sé», «pienso», «creo», «no creo», y comete errores. La única diferencia con la primera versión es que atribuye a su mujer el asesinato del niño y el incendio de su cuarto; no obstante, no es capaz de dar detalle alguno.
Ahora cuenta que en el lavadero había una alfombra grande sobre la que se cambiaron y con la que envolvieron los objetos de la agresión, armas y ropa.
Tras salir de casa, fueron a un lavadero público que él conoce, se lavaron y repartieron el contenido de la bolsa en tres bolsas más pequeñas, porque la otra era demasiado grande. Refiere los tres sitios donde las dejaron.

Las bolsas nunca se encontraron; tampoco se llegó a comprobar el tiempo que habría hecho falta para hacer esas paradas y completar las acciones.
Interrogado acerca de si se lavaron en casa, manifiesta que no, que se subieron al coche y él condujo con las manos sucias.
No hallaron ningún rastro en el volante.
Cuando lo presionan para que diga cuál fue el motivo que lo empujó a cometer el crimen, habla de una citación judicial, más tarde dice que la había olvidado, más tarde aún que solo querían asustar a su joven vecina, darle una lección. Que no tenían intención de matarla. Interrogado acerca del niño manifiesta: «No lo sé no lo sé no lo sé». Repite que se trató de algo instintivo, que decidió sobre la marcha.
No hay un móvil claro.
Interrogado por «la pequeña barra de hierro», esta se convierte en la «palanca del gato de una furgoneta». Interrogado por su actual paradero, manifiesta que la metió en una tubería de agua cortada. Interrogado por su forma, manifiesta que era redonda, redondísima.
Según los peritos, el arma debía de tener una morfología compleja, compatible con heridas atribuibles tanto a bordes cortantes como romos, que además debía de pesar mucho.
Ahora se acuerda de un detalle: tras haber prendido fuego, cuando salieron Rosa cerró la puerta del piso con una vuelta de llave. El fiscal se sorprende.
—Pero ¿por qué? —pregunta—. ¿Tenían la llave del piso?
—No, la encontramos dentro.
—¿Y ella cerró?
—Cerró porque pensamos que se había acabado.

El personal de emergencias encontró el cuerpo del superviviente en el umbral de la puerta, abierta de par en par.

El magistrado le hace notar que él ha declarado que tras golpearlo lo arrastró al interior de la casa.

—No, mire, de eso me acuerdo, no lo arrastré dentro de casa.

—¿Digamos que lo arrastró al umbral?

—Ahora no sabría decirle qué paso... después de apuñalarlo me quedé de pie, plantado, y no sé, debe de haberse movido él por su cuenta, yo me quedé parado, de pie, y vi que se caía, yo no lo empujé, vi que se caía dentro de la puerta.

Interrogado acerca de por qué lo hizo a cara descubierta corriendo el peligro de que lo reconocieran, Olindo manifiesta que llevaba una sudadera con capucha, y cuando lo presionan dice que había preparado un pasamontañas, pero que en el último momento lo dejó en su casa.

—No es verdad, Romano.

—No, no es verdad... ponga lo que quiera.

Está agotado.

Entonces le preguntan dónde está ahora el pasamontañas.

—Si no me equivoco, está en mi trabajo, en la taquilla.

El pasamontañas nunca se buscó.

Para terminar, todos coinciden acerca de la procedencia de las manchas de sangre encontradas en el embellecedor de la puerta del coche: no cayó de las manos ni de los pies ni de una gota presente en el pelo.

Olindo se aferró a las preguntas de los magistrados, a las fotos de la escena del crimen colocadas encima de la mesa, a la información que había leído en la orden de detención, a las declaraciones del testigo, a lo que le habían contado los dos carabinieri esa mañana y a los rumores que a lo largo de tres semanas había oído en la calle, en los periódicos y en la televisión para elaborar una confesión que, a su juicio, fuera lo suficientemente verosímil para salvar a Rosa y asegurarse la posibilidad de verla.

Sin embargo, logró equivocarse en todo.

La contradijo a ella, contradijo la versión del testigo y las pruebas científicas. No facilitó ninguna información nueva, nada que los instructores no supieran. Hay cientos de «no sé», «no me acuerdo», «me parece», «no estoy seguro» y «esto ahora se me escapa». Ni un solo detalle de su propia cosecha directamente relacionado con los hechos.

21.35 horas

De nuevo el turno de Rosa. El interrogatorio concluye a las 22.56. Cincuenta páginas de transcripción. Las fotos siguen sobre la mesa.

Se sienta, está tranquila «porque sé que Olindo ha cargado con la culpa». El defensor la informa, en cambio, de que no es así, de que su marido ha declarado cosas diferentes de las declaradas por ella.

—¿Puedo oír lo que ha dicho mi marido?

Le leen las declaraciones de Olindo, que ella comenta puntualmente y confirma: es verdad; es verdad; es verdad.

El defensor, preocupado, interrumpe la lectura y se dirige a los magistrados.

—Esta es la primera versión, creo que la señora debería saberlo. —Y dirigiéndose a ella—: Esta es la primera versión que nos ha dado su marido, ¿entiende?

Ella, contundente:

—La de verdad.

El defensor:

—Esta no es... no es la de verdad, la que nos ha dado la segunda vez.

Rosa se sorprende.

—¿Por qué? ¿La segunda vez ha dicho algo diferente?

Le estaban leyendo las declaraciones de la primera sesión del interrogatorio, en las que Olindo asume toda la responsabilidad. Rosa las ha confirmado punto por punto.

Cuando caen en la cuenta, le leen el acta de lo que se ha dicho tras la interrupción.

Y hacia la mitad de la lectura:

—¿Quiere seguir usted?

—No, usted. Mientras lee, ¿puedo decir «sí, es verdad»? Es que me he liado mucho.

Quiere ajustarse a las declaraciones de Olindo.

—De momento puede decir «sí, es verdad». Leámoslo todo para aclararnos.

—Bien, yo me fío de usted, yo digo...

Concluida la lectura integral, le piden que prosiga el relato a su manera: Olindo le dio un golpe en la cabeza a la hija, con la barra, luego a la madre; después de eso, la hija «me sujetó, quería pegarme, me hizo daño, me...», le sugieren «atacó».

—Eso es. Entonces mi marido le dio otro *tlancazo* en la cabeza.

—¿Estaba de pie?

—Sí.

—¿O se cayó enseguida?

—No, se apoyó en la pared. Es decir, estaba...
—¿Y la atacó a usted en esa postura?
—Sí. Me agarró y me mordió un dedo. Me mordió un dedo y me... y nos peleamos. Mi marido le dio un *tlancazo*, ella se cayó al suelo y yo la *cochillé*, yo la *cochillé*, era yo la que tenía el *cochillo* en la mano.

Según las pruebas, es imposible que tras haber recibido un golpe en la cabeza la joven pueda haber luchado con ella, sin contar con que había una gran diferencia de constitución entre las dos: pequeña Rosa, y alta y gruesa la otra. Su reconstrucción roza lo fantástico.

—¿Qué pasó luego? —pregunta el fiscal invitándola a proseguir.

—No podía más, me dolía la cabeza porque la madre gritaba, y entonces *cochillé* a la madre. Yo, no mi marido. Él solo... le dio con la barra.

La causa de la muerte de las mujeres fueron las heridas en la cabeza, no las de arma blanca; sin querer, y con la intención de atenuar la gravedad de su responsabilidad, Rosa está atribuyendo a su marido el golpe fatal.

—Yo le di, yo... me abalancé sobre el niño como ya le he contado al señor de fuera.

¿Con quién ha hablado de los detalles de la masacre? Estaba en custodia y solo podía comunicarse con su defensor.

Retoma el relato y, al contar cómo provocó el incendio, se equivoca de nuevo con la luz: en esta versión no está desconectada, sino simplemente apagada, e invita a los magistrados a buscar sus huellas en el interruptor.

Sus huellas no se encontraron allí ni en ningún otro punto de la casa.

En cuanto a la agresión a la pareja de vecinos, dice que ambos participaron, él con la barra, ella con el cuchillo. Afirma que asestó a la mujer una sola cuchillada.

Tenía treinta y cinco.

A propósito del superviviente, repite que su marido le dio en la cabeza con la barra —el hombre no tenía heridas en la cabeza— y que no sabe cuál de los dos lo apuñaló, si su marido o ella.

—No sé dónde fue a parar mi *cochillo*.

Le hacen notar que hay algo que no encaja.

—Dígame que lo puedo...

Le preguntan si su marido apuñaló a las dos mujeres dentro de la casa.

Lo niega.

Olindo ha dicho que lo hizo.

Le preguntan de nuevo quién apuñaló al superviviente en la garganta.

—Creo que Olindo.

—Cree que Olindo... Pero ¿usted le dio o no le dio una puñalada?

—Yo, cuando peleaban, que él tenía el brazo... o sea estaban peleando, yo...

—Trató de dársela.

—Traté de dársela.

—Así que no sabe si consiguió dársela, ¿no?

—Dársela o no dársela.

—Pero lo intentó.

—Sí.

De ahí se pasa a la fuga.

—Pues eso, cogimos y nos fuimos. El portón estaba abierto, salimos y fuimos al lavadero, nos cambiamos y lo pusimos todo dentro de una bolsa, ¿sí? Y luego lo tiramos todo.

—¿Dónde?

—Pues para ir a Como hay una rotonda, la grande...

—¿De Erba a Como?

—De Como a Erba. Hay una carretera que hace así... y un banco que no sé cómo se... en Lipomo que también hay una discoteca...

—Sí.

—Pues...

—¿Tiraron la bolsa en Lipomo?

—Luego hay un camino para entrar...

—Pero ¿dónde? ¿En el suelo? ¿En un prado?

—No, no.

—¿Dónde?

—En un contenedor.

Trata de encajar su versión con la de Olindo, la primera vez dijo detrás de la casa.

—¿Y lo tiraron todo allí?

—Sí.

—¿Todo, todo?

—Todo.

—No lo repartieron en varios contenedores, ¿está segura, señora?

Olindo ha dicho que repartieron el contenido de la bolsa grande en tres bolsas pequeñas y que las tiraron cada una en un sitio diferente.

Rosa trata de adivinar las expectativas de su interlocutor.

—O puede que hubiera otra cosa y el Olindo hiciera dos bolsas...

—Piénselo bien, ¿cuándo hizo dos bolsas?

—Cuando nos cambiamos la segunda vez.

—¿Repartió las cosas?

—Sí.

—¿Dónde las tiraron?

—En el cementerio.

—¿El de la carretera de Canzo, es decir, el de Longone al Segrino?

> Los magistrados le sugieren la respuesta siguiendo las declaraciones de Olindo.

—Sí, en el cementerio de la carretera de Longone al Segrino.

> Coge al vuelo la sugerencia y la hace suya.

—¿En dos sitios?

—Sí.

—¿No hay un tercero?

—No.

—¿Está segura?

—Sí.

—Piénselo bien.

—No, no hay otro porque...

—¿Cerca de casa no tiraron nada?

—No, nada.

—¿Nada en Erba?

—Nada.

—¿Ni en Como?

—En Como se quitó los calcetines porque estaban manchados.

No menciona un tercer lugar.

Los magistrados empiezan a explorar la premeditación; Rosa sostiene que se trató de un impulso, que no tenían intención de matar, sino de dar una lección.

El análisis de la dinámica del crimen revela premeditación: todo orquestado; tiempos y acciones dirigidas a alcanzar un fin; incluso las decisiones fruto de los imprevistos fueron tomadas con prontitud y sangre fría.

Insisten. Pero también ella, igual que su marido, dice que solo quería demostrarle a la vecina que eran más fuertes, asustarla. Incluso el incendio se decidió en el último momento, quería quemarle la colcha para hacerle un desaire.

Uno de los magistrados explota.

—Señora, acababa de degollar a su hijo, ¿qué otro *desaire* habría podido hacerle? Míreme a mí, no mire a su abogado. ¿Cuándo pensaron en matarlos, ese mismo día o unos días antes?

—Mmm...

Defensor:

—Señora, yo antes le he preguntado...

—Disculpe, abogado, compréndame, ahora permita que haga yo las preguntas. Hasta ahora ha reinado un clima de concordia, deje que acabe las preguntas, si no la señora lo mira a usted y está pendiente de que le dé permiso para responder o no.

Uno de los magistrados le hace notar a Rosa que su versión no se tiene en pie, que si solo hubieran querido darle una lección a la joven no habría sido necesario usar cuchillos y una barra de hierro, y menos aún matar a los demás.

Al final, ella conviene:

—Sí, así es.

—Así es... Pero ¿ustedes tuvieron en cuenta que se arriesgaban a acabar en la cárcel condenados a cadena perpetua?

—Sí, la nuestra también, sí. —Rosa no ha entendido la pregunta.

A partir de ese momento, casi todas sus declaraciones son confirmaciones a preguntas concretas: sí, sí, así es.

Cuando le piden algún detalle se confunde: «¿Puedo hacer una cosa, puedo seguir escuchando lo que ha dicho el Olindo?»; «¿Puedo decir "sí, es verdad" o "no, no es verdad"?»; «Creo que sí, ¿puede leérmelo, por favor?»; «Estoy muy confundida. Quiero decir, si pudiera indicarme, yo podría decir: "Esto sí, esto otro no"».

>La reconstrucción resultante no encaja con la de su marido, ni en los detalles ni el núcleo central —quién dónde cómo cuándo—. Sigue cambiando el relato en cada declaración, así como el móvil.

Los magistrados vuelven a la carga con la premeditación:

—Lo que tiene que cambiar es que habían planeado matarlos, eso es lo que tiene que cambiar. Porque todo lo que hemos visto hasta ahora, todo, incluido lo que ha dicho su marido, conduce a tener por seguro el hecho de que ustedes se habían puesto de acuerdo para actuar.

—Sí, es verdad.

—También para matarlos. Hablo de matarlos, no de darles un coscorrón y un par de bofetadas o de insultarlos, de matarlos, ¿no es cierto?

—No, para matarlos no, de verdad.

—Eso dice usted, yo no cambio de idea, no encaja con nada.

La confusión mental de Rosa es total. Los magistrados tratan de encauzar el interrogatorio hacia la conclusión. Le leen el acta resumida de sus declaraciones, recogidas sobre la marcha por uno de los magistrados mientras los demás dirigían el interrogatorio. Cuando le leen «tomé la decisión de hacerle daño, de matarla» y «tomé la decisión de matar al niño», el defensor se opone, su clienta no ha pronunciado esas palabras, ha dicho que quería escarmentarla, no que tuviera intención de matarla. Discuten. Posponen la puntualización a cuando esté lista la transcripción integral del interrogatorio.

El acta nunca será rectificada a la luz de la transcripción. La frase se quedará tal y como fue escrita aquella noche. Ella la firma.

Cuando ya están acabando, uno de los magistrados interviene:

—¿El marido de la joven la violó a usted?

Rosa titubea.

—No.

Se echa a llorar.

—Entonces ¿por qué se bloquea cuando se lo pregunto? Mire, no hay nada de lo que avergonzarse, quiero decir que, si lo hizo, el sinvergüenza es él. ¿Nos lo cuenta? ¿No tiene ánimo para contarlo? Pero ¿lo hizo?

Se trataría de un móvil sólido.

—¿Podemos saltarnos esa parte? —pregunta ella.

Es de noche, hay más de diez hombres en la habitación, diez desconocidos. Lleva cuarenta y ocho horas encerrada, el tiempo más largo que ha pasado separada de su marido. Lejos de casa, se ha visto obligada a pedirle una compresa a una agente porque la menstruación le ha bajado sin aviso.

—No quiero hacerle daño, señora, ni siquiera deseo hacerle más daño del que se merece.

—Y yo no quiero hablar de eso.

—Quizá sea mejor que nos lo cuente.

—No es verdad.

Los magistrados se alternan con una ráfaga de preguntas:

—¿Así que eso nunca ocurrió?

—¿Trató de hacerlo o lo hizo?

Rosa susurra:

—¿Podemos saltarnos esa parte?

—Pero usted llora cuando hablamos de eso.

—Es más fuerte que yo.

—La amenazó, y luego ¿qué hizo? Mire, señora, estamos entre adultos, nadie se escandaliza ni se ríe, no tenemos ningún...

Entonces les habla de acoso y actos obscenos. Y al final:

—¿El Olindo se enterará de esto?, ¿verdad? Nunca se lo he dicho. Le decía lo que pasaba, pero esto no.

Uno de los fiscales pierde de nuevo la paciencia:

—¿Qué quiere decir con que no se lo dijo? ¡Por supuesto que se lo dijo!

Siguen dudando de sus declaraciones.

—A la segunda o a la tercera se lo dije...

—En mi opinión, ¡le contó que la acosaba!

Si Olindo estuviera al corriente, el móvil sería compartido y mucho más sólido.

—Sí, pero las primeras veces no.

Aquí se cierra el interrogatorio. Rosa ha seguido la reconstrucción de los magistrados, se ha mostrado dispuesta a modificar los pasajes de su relato que no se consideraban satisfactorios, ha sido capaz de no hacer mutis.

La primera vez que escuchan los audios los abogados se desesperan. A diferencia de las actas resumidas de las confesiones, que siguen un hilo lógico, preciso, nítido, los interrogatorios contienen malentendidos, dudas, carecen de detalles sensoriales, cambian continuamente de versión acerca de dónde fueron heridas las víctimas, de las armas que se utilizaron, del número de heridas, de la modalidad. Las versiones de Rosa y de Olindo no coinciden, no encajan, se contradicen, lo cambian todo a cada momento. Para los magistrados debió de ser agotador. Para los abogados, se trata de un elemento cuya presentación en la sala es extremamente peliaguda: ¿cómo van a mostrarle al tribunal la profunda discrepancia entre las actas resumidas y la escucha integral de lo que ocurrió aquel día? Sería como señalar con el dedo a los redactores de las actas.

Las sentencias se sostienen completamente en ellas y de ellas extraen sus conclusiones. Sentencia de segundo grado: «La ideación del plan [...] no solo indica su capacidad de anticipar respuestas convincentes a los investigadores y la capacidad de borrar eventuales pistas, sino también una notable lucidez, común a los dos autores del hecho, que no son en absoluto simples o ingenuos, como la defensa quiere presentarlos»;

«Siempre hay lucidez, capacidad de darse cuenta de lo sucedido, de los acontecimientos procesales que siguieron, de la importancia de la línea de defensa»;

«El hecho de dirigirse a Como, con el propósito de justificar su ausencia del edificio de via Diaz a la llegada de los servicios de emergencias y las fuerzas del orden, constituyó una precaución no carente de astucia y credibilidad»;

«Rosa —que como ha podido observarse es menos capaz de expresar sensaciones y de relatar los hechos, pero tiene una personalidad fuerte y resuelta—, incluso cuando toma la decisión de confesar, narra versiones no creíbles destinadas a ocultar lo que realmente ocurrió»;

«Las numerosas inexactitudes de Rosa se explican a la luz de la voluntad de mezclar verdad y mentira, voluntad en cualquier caso consciente y no exenta de cierta sagacidad».

Sentencia del Tribunal Supremo: «[...] extremo control de sí mismos en las fases anteriores a la detención e igual capacidad de autodeterminación en las fases sucesivas, que expresan sin sombra de duda su ininterrumpido contacto con la realidad y su lucidez racional».

Cuando, doce años después, le pregunten a Olindo por qué confesó, dirá que hay muchas cosas que ni siquiera él logra entender, por ejemplo, cómo fue posible que les tomaran el pelo de aquella manera: «No me explico cómo pudimos, Rosa y yo, caer en la trampa como dos tontos. Me dijeron "mire, su mujer ha confesado que fue ella la que cometió los crímenes", y automáticamente se me ocurrió que tenía que ayudarla». También habla de una conversación de la que no existe rastro documental: según él, los magistrados los reunieron en el mismo lugar, les mostraron las fotos y se pusieron a hacerles preguntas. Sostiene que ese interrogatorio en pareja fue el último.

Noche cerrada.

Cuando todo acaba, les permiten verse por última vez. Se abrazan en la habitación fría y desnuda donde los tienen retenidos. Se sienten aliviados por haber logrado salir del paso.

Él:

—Podemos vernos.

—¡Podemos vernos una vez al mes!

—¡No! Ha dicho más, lo ha dicho.

—Mira, no son tan malos, eh, yo he encontrado buenas personas.

—Yo también. No sabía cómo comportarme porque no sabía cómo acabaría, luego el que estaba allí me lo ha explicado todo... no quería dar el primer paso sin hablar antes contigo.

—Puede que estemos...

—Puede que ahora estemos mejor que antes.

La euforia que se percibe al escuchar esta grabación es incompatible con las consecuencias de lo que acaban de admitir.

Olindo sigue sentado ante el tribunal, enfocado por cámaras y fotógrafos: «Firmamos nuestras confesiones, dijimos que íbamos a colaborar con la justicia y todo eso [...], estaba contento de que aquel sufrimiento digamos que hubiera acabado. Y entonces, ¿qué pasa? Nos quedamos en la cárcel, y al cabo de una semana, creo, a mi mujer y a mí nos dejaron vernos; los jueves por la mañana pasábamos dos horas juntos. Y como habíamos aceptado arrepentirnos, teníamos que arrepentirnos de verdad. Le aseguro que no fue algo agradable, en absoluto. Pero había que seguir adelante [...], ser creíbles con los otros presos, que nos despreciaban porque habíamos confesado que también habíamos matado a un niño, lo cual no era verdad. Algunos agentes, no todos, nos trataban como si fuésemos animales. Fue un calvario, créame, un auténtico calvario, hasta el mes de mayo. Por suerte... siempre se lo agradeceré al capellán, a la psicóloga y a la educadora, prácticamente las tres únicas personas que nos trataron como a seres humanos, conseguimos cambiar en primer lugar de abogado, porque el de antes no se enteraba de nada. Luego, gracias a la psicóloga, conseguí salir de una especie de... estado de resignación, de humillación, y recuperar la confianza en mí mismo. Eso siempre tendré que agradecérselo a la psicóloga: me devolvió la confianza en mí mismo, que había perdido. Fue entonces, después de reunirnos varias veces, cuando nos entendieron al fin y pudieron ayudarnos [...], hasta el 10 de octubre, cuando vine aquí a declarar que era inocente y lo declaré. Entonces recuperé la dignidad que me habían quitado, que yo mismo me había quitado, y también la de mi mujer. En resumidas cuentas: tomamos la decisión de luchar por la libertad en vez de fingir que éramos culpables y conformarnos con el mal menor. Eso es todo. Ya veríamos qué ocurriría luego. Eso es todo lo que tengo que decir».

Rosa levanta la cabeza, muestra a las cámaras la cara que ha tratado de ocultar a lo largo de más de una hora. Ha llorado todo el tiempo. Cruza la mirada con el abogado, que también está muy emocionado.

—Ánimo, patito —le dice Olindo unos minutos después mientras la abraza.

Ella sonríe por un instante.

—Y tú, Olly, ¿cómo estás?

—Bien —responde entre lágrimas.

El tiempo se ha ralentizado hasta colapsar y replegarse sobre sí mismo, como una estrella apagada que se hunde y se contrae en un agujero negro. Rosa y Olindo se han quedado atrapados en el cascarón del horizonte, se han desvanecido de la vista del mundo.

El abogado está agotado, revivir aquellos momentos, aunque solo sea para contarlos, reaviva su cansancio: «En un momento dado solo queríamos sobrevivir». Fuma. Chupa un caramelo. «Este asunto fue una vorágine, para las víctimas, para quienes tuvieron que juzgarlo y para quienes fueron meros espectadores». A la pregunta de qué conclusión ha sacado de lo que ocurrió, tras apagar el cigarrillo con cuidado, responde: «Es una cuestión humana; no es raro que las personas se aferren a una tesis y caigan en la tentación de defenderla hasta el final. Ahí dentro, el desciframiento se empaña. Solo el respeto por la formalidad de la ley protege, incluso a los magistrados, de las pasiones, propias y ajenas. Cuando se recorre el camino de la pasión, es natural que los más ciegos sean los que dirijan. En el cortocircuito entre el pueblo, los jueces y el imputado existe el riesgo de ir por un atajo con el único propósito de descargar en el otro el propio dolor para librarse del precipicio que es la violencia. De ahí a la ordalía hay un paso».

Da vueltas a otro cigarrillo en las manos antes de encenderlo: «No es difícil un juicio en el que sospechas que tu cliente es culpable. Porque en el fondo es una posición cómoda; si sale mal, tienes una justificación: es culpable. Duermes más tranquilo. Pero cuando crees que los imputados son inocentes y a pesar de eso se encuentran ante un juez, significa que todo se ha vuelto en su contra. Por una combinación de circunstancias desfavorables han acabado en la cárcel acusados de un crimen que no han cometido. Era consciente de que sería muy difícil representarlos, pero al mismo tiempo sentía que tenía el deber de hacerlo». Al pronunciar la palabra «deber» ha titubeado, dejando un vacío. Quizá quería añadir «moral» y se ha reprimido por pudor, como si quisiera proteger su discurso de una emboscada retórica que amenaza con vaciarlo.

«Este caso fue un shock», dice. Fue tan intenso que rompió su ritmo de vida, porque todo su tiempo estuvo ferozmente absorbido por la preocupación de cómo defenderlos. Su vida privada desapareció, no tenía tiempo material para todo. Solo se sentía seguro en compañía de las personas que compartían su experiencia. Los asesores y los colegas del bufete se convirtieron en su familia. Su otra vida se desmoronó en aquellos años.

Los abogados saben que están solos, en todos los procesos. Es difícil que reciban reconocimientos y aplausos, porque para la opinión pública el que está del lado de un delincuente se le parece. Él defiende esta soledad, forma parte de su rol. Sin embargo, nunca se sintió tan en su lugar como cuando defendió este caso. Rosa y Olindo eran las personas perfectas, las más necesitadas, porque eran incapaces de enfrentarse a nada. Eso fue lo que lo motivó, la causa justa. El juicio más difícil de entre los juicios ideales, el caso límite, la final de los Mundiales. Pasa una vez en la vida. Una absolución habría sido justa, pero sabía que era imposible obtenerla. No obstante, trabajó, lo intentó y soñó igualmente: «No tienes que dejar de creer que puede pasar cualquier cosa, de lo contrario no aguantas.

La ilusión te da fuerzas para presentarte en la sala y enfrentarte al debate». Una pausa, aplasta el cigarrillo en el cenicero. «Además, no hay nada como combatir».

En los últimos doce años hubo un momento en que pensó tirar la toalla. Pero ¿cómo iba a hacer algo así? No solo habría traicionado a sus clientes, sino todo lo que era, su profesión y el sentido que trata de darse a sí mismo como ser humano.

No le pido que me hable de sí mismo: le pido que no pierda la voz (es decir, el sentido exacto de las cosas: «et que le centre est ailleurs»).

CRISTINA CAMPO

De las siete a las ocho de la mañana friega las escaleras de la izquierda del módulo; entre las nueve y las once de la noche, las de la derecha. El orden está establecido en función de su anchura.

Hace años que trabaja de fregona, pero no es un trabajo de verdad, más que nada la ayuda a no quedarse sentada en la cama, devanándose los sesos, y a ahorrar algún dinero.

Se despierta a las cinco, arregla la celda mientras escucha las noticias en la radio y a las siete empieza a fregar. Antes pasa a saludar a quien esté de guardia porque es obligatorio identificarse. «La Bazzi siempre saluda», dicen de ella. Para Rosa es una satisfacción ser amable y educada, los celadores están allí cumpliendo con su deber. A las ocho vuelve a la celda, se ducha rápidamente y, si es día de colada, pone a remojo la ropa sucia. Luego baja al taller de costura a hacer muñecas, aunque no gane nada, porque lo que sacan de su venta en los mercadillos y en las ferias se destina a las presas pobres, viejas, que no pueden trabajar. Sus creaciones no son muñecas de trapo cualesquiera, unos cuantos retales pegados de manera burda; sus muñecas están vestidas como niños de verdad, llevan calcetines, braguitas e incluso zapatos. Todo cosido a mano por ella.

Cuando los visitantes las ven, cuando preguntan quién las ha hecho, se quedan de piedra.

Al principio pintaba bolas de plástico, las decoraba tan bien que parecían de cristal, luego una mañana que estaba triste se dijo: me encantaría hacer algo mío. Entonces entró una celadora con una presa que llevaba un bebé en los brazos: «Bazzi, tú que siempre estás haciendo trabajos manuales, ¿no tienes por ahí nada para vestir a este niño?». Buscó una tela ligera, adecuada para confeccionar una de esas camisitas finitas que llevan los recién nacidos sobre la piel, y le hizo un pelele, una camisa y un pantalón. El niño creció, pero ella siguió cosiendo ropa pequeña. De ahí nació el mundo de las muñecas.

El jueves es el día en que telefonea a Olindo, pero primero tiene que pedir permiso. Hay que pedir permiso para todo.

«Este es mi día a día —dice—. Ojalá el juez de vigilancia penitenciaria me *dese* trabajo fuera, y permisos, porque así yo también tendría un poco de futuro —me dice—. Son doce años, diez aquí en Bollate».

Todas las semanas nos sentamos una al lado de la otra, durante horas, en la sala de los magistrados. Es una habitación amplia, con calefacción en invierno y fresca en verano; la pared del fondo está pintada de arriba abajo con figuras enormes, retorcidas, de colores fuertes. Los agentes nos permiten ocuparla cuando está libre para evitarnos los locutorios. Un día me dice que no le gusta ir allí, que *nos auscultan*. Para la siguiente reunión pido uno de los locutorios. Nada más entrar me pregunta por qué nos han cambiado, hace frío, está oscuro, nos ven por las ventanas —¿quién nos ve?

No se lo pregunto, está nerviosa. La intensidad de su atención me impide recorrer el espacio con la mirada. «¿En qué piensas?», me acosa en cuanto desvío los ojos para marcar distancia mientras pienso en la manera de abordarla.

La primera vez es en el verano de 2019, a principios de julio. Las visitas tienen lugar en un patio pequeño con césped artificial, mesas y sillas de plástico, como las terrazas de los bares de carretera. Las sombrillas lucen logotipos de marcas de helados cuyos colores se encienden al sol. El aire arde. Nos sentamos debajo de una sombrilla medio rota que proyecta una sombra torcida. La tela del pantalón se me pega a las piernas. He elegido, por instinto, ropa adecuada; a la chica que ha entrado antes que yo le han llamado la atención porque llevaba una falda demasiado corta y una camiseta demasiado escotada. Descubro que existe un código de vestimenta para las visitas en prisión, supongo que porque es uno de los pocos momentos en que se mezclan hombres y mujeres, puesto que en el interior ocupan siempre espacios separados. Todos llevan bolsas enormes, llenas de comida envasada al vacío. Es la aportación del exterior a la alimentación de la cárcel, uno de los aspectos más delicados de la vida en prisión. Yo le he traído galletas sueltas y he tenido que dejarlas en la entrada.

El procedimiento de ingreso es laborioso, cada visitante tiene que depositar el bolso y los efectos personales, incluido el móvil. Cuando llega mi turno, antes de entregar el bolso, saco el cuaderno, un bolígrafo y una pequeña grabadora. «No puede entrar con eso», me dice el agente a través del cristal. Le cuento que el director menciona en su correo una autorización sin límites de horario, con la posibilidad de introducir un ordenador y una grabadora. «Entonces no debería entrar por aquí, esto es para las visitas. Las normas están ahí colgadas y solo puede quedarse hasta mediodía». Estoy ralentizando el engranaje, oigo crecer la impaciencia detrás de mí. Aún no sé nada de la vida de los presos, no sé que viven exiliados del tiempo, sin poder disponer mínimamente de él, y que, en consecuencia, el tiempo lo es todo para ellos. Me doy cuenta de que me he equivocado de entrada, no comprendí que me habían concedido un permiso especial, diferente del de las visitas regulares. El procedimiento no cambia, cada vez que entro debo depositar el móvil, una privación que hará que me sienta desprotegida en cualquier lugar.

La segunda vez que la entrevisto, aparece en el umbral de la puerta: «Creía que ya no venías». Es muy bajita, viste unos vaqueros y un jersey fino, lleva el pelo teñido, más largo que la melenita con que la recordaba, tiene la piel clara, luminosa —me pregunto cómo es posible tras todo ese tiempo en la cárcel—. Una niña de cincuenta y cinco años: Rosa Rosina Rosy, el nombre con que se presenta y que usa para referirse a sí misma.

Se sienta. Me concentro en su cara, en busca de una expresión, una cualquiera, que me permita intuir de qué humor está. Me dice que no se encuentra bien —hasta ahora no me he dado cuenta de que tiene el labio superior perlado de sudor—, un problema en los riñones que no fue tratado a tiempo le provoca una fastidiosa febrícula y dolores insoportables cuando hace pipí. Enseguida me arrastra al mundo de sus funciones corporales, el hecho de que seamos unas extrañas no es un obstáculo para ella. Habla durante dos horas intensas y sin pausas, no consigo meter baza. Percibo el aroma afrutado del suavizante, me distraigo observando el movimiento de sus manos, los dedos gruesos —estos sí—, las uñas roídas de los anulares y los meñiques. A menudo no le salen las palabras y busca ayuda con la mirada; cuando la sugerencia la satisface, reacciona con entusiasmo, casi con euforia.

Hasta hace unos meses trabajaba en un taller de marroquinería del primer pabellón, junto a los internos masculinos. La dirección decidió cerrarlo sin avisar. Resopla, no le gusta volver atrás, no le gusta recordarlo porque aún le duele. Me cuenta que alguien le trajo un poco de piel del cuarto módulo, pero que ella no sabía de dónde había salido. Los agentes le pidieron explicaciones: «¿De dónde la has sacado? No tiene etiqueta, no se ve la procedencia», y la acusaron de haberla robado. Cuando lo negó, no la creyeron, y entonces pidió que miraran los vídeos de las cámaras de vigilancia. En efecto, ella tenía razón, pero a aquellas alturas ya era demasiado tarde, la decisión de cerrar había sido tomada.

No capto de lleno la circunstancia que me cuenta, tengo la fastidiosa sensación de quedarme atrás, ella sigue dándolo todo por sentado, como si yo conociera la distribución de la cárcel, sus procedimientos y costumbres. Su funcionamiento.

(Según la abogada, un recluso violó una de las normas, de otro modo la dirección no habría tomado esa medida. Sin duda no fue Rosa, si hubieran sospechado que trapicheaba con algo nunca le habrían dado permiso para desplazarse entre los módulos. Desde entonces se ha hundido en un estado de postración. La abogada está preocupada por ella y me lo dice abiertamente).

Le pregunto cómo es posible que hayan cerrado el taller si se demostró que la piel no era robada. No responde, al parecer ni siquiera me ha oído, y reanuda el discurso que se ha quedado suspendido en su cabeza, del que no logro seguir el hilo; es algo que le ha costado trabajo prepararse y que no puede ser interrumpido. Empieza de nuevo por el principio: tres años y dos meses haciendo bolsos todo el santo día con otros dos presos, hombres. Hacía el patrón, cortaba la piel, elegía la tela para el forro y luego lo montaba. Todas las magistradas se probaban sus bolsos, que le hacían la competencia a los de los escaparates del centro de Milán. Pasaba el día en el taller, con sus compañeros: cocinaban, comían, se desahogaban cuando alguno de ellos recibía una mala noticia de su abogado... Se cogieron cariño. Echa de menos todo eso, ha sido injusto que lo cerraran.

En esta segunda versión, divaga acerca de unos perfumes que entraron irregularmente, menciona a un preso, pero aclara que está segura de que no fue él.

Los hombres con quienes trabajaba eran buenas personas. A uno le hizo unas cortinas que ve cuando él deja abierta la ventana de su habitación —en Bollate, me explica, no se las llama «celdas»—. En su relato, se comunican de una habitación a otra, hablan de dinero, de la liquidación del IVA y del precio de la piel, de toda la administración del taller, de la que al parecer él se ocupaba.

Es imposible que haya un teléfono sin cables entre las ventanas, habida cuenta de que el módulo de los hombres y el de las mujeres están lejos y netamente separados. No me la creo. Lo único seguro es que el preso le pidió dinero prestado y a ella le duele no haber podido ayudarlo porque no dispone de él. En cuanto le digo que me aclare un detalle, se confunde: «Tú no sabes lo que es mi cabeza, enseguida se me va la olla. Tengo mala memoria, mira que es triste tener una cabeza como la mía». Le pregunto qué es lo que pasa dentro de su cabeza. Gesticula, suspira, vocaliza. Nos sentimos incómodas, me arrepiento de haber insistido. «A ti no te ha pasado nunca, lo veo, tú no tienes los *ploblemas* que tengo yo... la niebla total y de repente como flashes que inmediatamente se me escapan, siempre hay algo que se me escapa. Sabes la de veces que me encierro en mi habitación y paso horas pensando, pensando, pensando». Lagunas que se extienden por el cerebro como pintura blanca derramada.

 Me tiene horas enteras clavada en la silla escuchando sus relatos, de los que sigo dudando porque están llenos de detalles disparatados. En esa sala, me obliga a permanecer en un único plano de la realidad: sus emociones. Una sensación de distanciamiento.

Sin el taller de marroquinería ha vuelto a ser la de antes, una persona falta de objetivos, desilusionada. Triste. Fuera, su vida se regía por la costumbre: el trabajo, la casa, alguna que otra cena con amigos, la comida de los domingos. Nada por lo que tuviera que luchar. Ahora, en cambio, le toca sudar, sembrar. A veces recoge frutos y a veces no, y cuando pasa es duro para ella. Aunque el mundo de la cárcel dé miedo, ella se ha formado ahí dentro, ha crecido.

Antes de Bollate estuvo en Vercelli, y antes en el Bassone, en aislamiento. La celda carecía de ventanas y ella no sabía si era de día o de noche. Una ducha abierta y un agujero para las necesidades; del agujero salían ratas. Todo de cemento, con sangre en las paredes. Ni calefacción ni aire acondicionado. Dormía sentada, con el chaquetón puesto, ovillada sobre un trocito de manta porque el colchón tenía pulgas y los ratones andaban por encima. Se tomaba «el tratamiento». Dormía, comía, dormía. Ni siquiera sabía dónde estaba. Las demás le decían que no tocara la comida del carrito y vivía a pan y agua. Fue entonces cuando la abogada empezó a ayudarla —sigue haciéndolo— para que pudiera comprarse algo en el economato.

Un año después, Vercelli. Todavía recuerda el día en que llegó al módulo. «Espere aquí», le dijo la celadora. Oyó ruido de llaves y el chirrido de la reja que se abría. Se asomó, ante sus ojos un pasillo enorme, vacío, y a los lados una hilera de manos que salían por los barrotes, tuvo la impresión de que no se veía el final: las presas se agolpaban para verla, las de atrás de pie sobre taburetes. Sintió que estaba a punto de desmayarse y se apoyó en la pared.

Sus compañeras tenían un frigorífico en la celda —las demás presas solo una nevera portátil—, un hornillo de camping y dos ollas que trataban como reliquias, así que podían cocinar su propia comida sin depender del carrito.

Compartía la litera con una mujer que tenía un pariente en el 41 bis,* a la que todo el mundo respetaba. Como no sa-

---

* Régimen de aislamiento penitenciario severo, creado en la década de 1980 para los casos relacionados con la mafia. *(N. de la T.)*.

bía qué era el 41 bis, se lo preguntó a una celadora en la hora al aire libre.

Esta mujer le facilitaba camisetas, pantalones y jerséis nuevos; ella solía ponerse la ropa que donaba la asociación de voluntariado penitenciario, pero la otra no quería: «Aquí no entra ropa usada».

A lo largo de los meses de convivencia, le enseñó a coser, a tricotar y a bordar, y juntas empezaron a enseñar a las demás. Para dar los cursillos, salían de la celda. Estar fuera era como Navidad, se preparaban siempre para ese instante de felicidad. En un momento dado, salió una ley nueva y el director ordenó mantener las celdas abiertas durante el día. Sus compañeras y ella se pasaban las horas mirando la puerta abierta de par en par, pero no se atrevían a salir. Luego colocaron una máquina de coser al lado de la lavandería, y entonces se desataron: hicieron colchas, cortinas, alfombras, de todo. El director estaba encantado de verlas trabajar. Ella, poco a poco, fue construyendo su mundo.

De repente, hacia finales de 2009, la trasladaron. Fue como volver atrás, se hundió de nuevo. En Bollate todo le parecía grande: los talleres, el huerto, el jardín, la cocina con horno e incluso con microondas, los platos de aluminio, los azulejos, el mármol, el fregadero —casi había olvidado cómo era un fregadero—. Le asignaron una habitación con baño, solo para ella: cuando vio los sanitarios se puso de rodillas y los acarició a pesar de que estaban sucios. Había una mesa de madera, su primera mesa en la cárcel, y también la acarició. La pusieron a hacer ramos de flores artificiales para los programas de Canale 5 y empezó a ambientarse un poco. Luego, tras la sentencia del Tribunal Supremo, la castigaron con tres años de aislamiento. Encerrada en la planta baja, al lado de la enfermería, solo veía al médico y a la celadora. Al cabo de dos meses se volvió loca y trató de ahorcarse. Debe agradecerle a la directora que se diera cuenta de que no podía soportarlo y le buscara una ocupación: limpiar y revisar juntas de goma en compañía de otras presas. Acudía escoltada y no podía salir de la sala donde trabajaban, pero al menos veía a alguien y tenía las manos ocupadas.

Hace unos días estaba mirando la televisión en la salita —ella no suele ver la televisión— y llegó el inspector: «¿Qué hace, Bazzi? La veo siempre aquí, sentada». Tras el cierre del taller de marroquinería, ha vuelto a estar inactiva y tiene miedo. Permanece sola en su habitación, desaprende a hablar, a pensar.

Su marido y ella ya fueron condenados por un juez, no cree que hayan hecho tanto daño como para merecer todo esto.

Mientras me cuenta, corrijo y organizo: operaciones instintivas con las que trato de poner en orden su discurso y de hacerlo mínimamente comprensible, pero que borran sus huellas. Por eso mis apuntes son una traición. No reproducen la veracidad de su voz, tan confusa y desarticulada que a veces resulta indescifrable. Lleno los vacíos, ordeno una memoria que no es la mía y de nuevo tengo la impresión de que algo se me escapa. Sin embargo, hay una parte de ella que se resiste a la adaptación —caigo en la cuenta releyéndolo—, que revela huecos, acontecimientos que se solapan, inexactitudes. La viveza de la experiencia permanece intacta, como si el recuerdo fuera real.

Una mañana los funcionarios de prisiones no me dejan entrar; la han trasladado a la enfermería.

«Pues sí, mi *reñón*. Piedras», me dice la semana siguiente. Ingresada y operada de urgencia: «¡Caray! Cielo sereno, tormenta, rayos y truenos». Me cuenta que tenían que cambiarle un globito, un *stent*, que le ha causado una infección crónica degenerativa, y los consejos del cirujano, que se puso muy nervioso al verla llegar en aquellas condiciones. Tendrán que operarla de nuevo dentro de unos meses, ahora está de baja y ni siquiera puede limpiar las escaleras porque no puede subirlas y bajarlas con el *stent* dándole descargas como las de la plancha. Ni siquiera puede hacer de fregona.

«Es un momento delicado para Rosa. —La abogada suspira—. Esta situación de inactividad la agota». Durante la última reunión con el equipo penitenciario perdió los papeles, increpó a los educadores, se clavó las uñas en el cuello porque no podía contener la rabia. La tensión era elevadísima. Quiere acogerse al artículo 21, que permite a los presos trabajar dentro y fuera de la cárcel, dice que tiene derecho por antigüedad y por conducta. Pero no hay un puesto de trabajo para ella.

La sala de reuniones del bufete está ocupada por una mesa oval, maciza, con una cestita de caramelos en el centro, y da a una calle transitada. El chirrido de las ruedas del tranvía cubre nuestras voces, la abogada cierra la ventana.

«Este asunto del artículo 21 la saca de sus casillas, la harán explotar —me dice abiertamente, sin reticencia—. Se pone furibunda cuando sospecha que le están tomando el pelo, ¿sabes?, en el fondo solo querría que le tuvieran un poco de consideración. En su fuero interno, la idea de salir la aterroriza, hasta tal punto que ha rechazado la posibilidad de obtener permisos; también tiene miedo de trabajar en otro taller, con gente nueva y nuevas tareas que podrían sacar a la luz su ineptitud. Fregar, eso sabe hacer. Y se pone como una fiera si no le dejan hacerlo». La abogada estaría dispuesta incluso a contratarla para limpiar el bufete, pero, honestamente, la perspectiva de que deambule sola fuera de la cárcel la preocupa. ¿Cómo va a llegar por su cuenta de Bollate al centro de Milán? Si no se presenta puntual a la hora de regreso o no firma en el cuartel que le corresponda, sería evasión, por no mencionar todo lo que podría pasarle durante el trayecto. Ni siquiera hace ya la llamada semanal a la que tiene derecho, no sabe leer los números y se avergüenza de pedir ayuda.

«Sabe que tú y yo nos hemos visto, se lo dije en la última visita. —Asiento—. Con alguien como ella la primera regla es no esconderle nada, porque no entiende, pero siente. Es toda instinto. Como un niño. —Me mira—. O un gatito». La fina complicidad entre nosotras me hace sonreír.

Teme que Rosa pueda apagarse lentamente y hundirse en una depresión; luego sería complicado sacarla.

La abogada titubea, se apoya en el respaldo de la silla y percibo una indecisión, un pudor. Sus padres visitan a Rosa desde hace algunos años —son los únicos que lo hacen—, le llevan ropa y comida. Tratan, sobre todo, de que no se sienta olvidada. Como han faltado a la cita el último mes, Olindo les ha escrito una carta que acaba así: «Mi mujer está mal y no tiene a nadie. Ahora que vosotros tampoco podéis ir, estoy muy preocupado. Os ruego que me ayudéis». La devoción de Olindo desconcierta a sus padres. Y a ella. Hace un año que Rosa se niega a que la escolten hasta la cárcel de Opera para asistir a la reunión semanal con él.

Los arañazos asoman por la camiseta, aún pueden apreciarse en su piel clara. «Cuando estoy cabreada hago esto», y me muestra cómo estira el cuello y se agarra las clavículas con las uñas. El director, en aplicación del artículo 21 de la Ley Penitenciaria italiana, le ha propuesto que limpie las oficinas de la administración. Ella sabía que había otro trabajo disponible: limpiar la guardería de los hijos del personal de la prisión, ubicada nada más cruzar la valla. Para llegar hasta allí hay que franquear la última barrera y cruzar el aparcamiento. Un paso de gigante para ella, algo que le habría permitido empezar a pisar la calle y que sentía a su alcance. Pero le han asignado la guardería a otra, sacándola *del quicio*. Cuando le dicen que al fin y al cabo en ambos casos se trata de limpiar, se enfada: asignarle las oficinas significa pasar cuatro horas sola todas las mañanas y quedarse sin nada que hacer ni nadie con quien hablar por las tardes. Le gustaría salir, aunque fuera para un breve trayecto, con miras al futuro, para aprender a coger un autobús, el metro o el tren hasta Milán. Porque ella ni siquiera sabe cómo es Milán. Tiene que aprenderlo todo. Y si no empieza ahora, cada vez se le hará más cuesta arriba. «Lo hago para crecer; limpiar baños aquí o allá poco cambia, pero cruzar la valla y entrar en otro sitio lo cambia todo». Cuando llegó hacía de fregona, luego se pasaba el santo día cosiendo piel sin ganar un duro y ahora quieren que vuelva atrás. Es una humillación, una gran humillación: «*Detleminadas* personas pueden hacer mucho más que otras con estudios. Trabajaré en las oficinas, pero eso significa arrinconarme. Es *ovlio* que me desprecian, que quieren rebajarme. No es agradable, es como si yo te dijera: oye, tu libro es una chapuza. ¿Cómo te sentirías?». Es la primera vez que me involucra y eso me descoloca. Ni siquiera me deja responder, retoma su relato.

Aquel sábado iba y venía por la habitación, furibunda. Trataron de hacerla sentar. El jefe de los educadores y la psiquiatra habían bajado del piso de arriba; fuera de la puerta había cuatro agentes. Ella pedía Ventolin porque se quedaba sin respiración, miraba las ventanas cerradas y tenía la impresión de que se ahogaba; en su corazón hay una válvula que no funciona y el doctor le ha explicado que, cuando se enfada, la válvula se estrecha, que deberían operarla, ponerle un tubo de malla que la mantenga abierta. Que mientras tanto no se acalore, que esté tranquila. Está tranquila, pero tras doce años tiene derecho, tras doce años ese trabajo le da un poco de dignidad, solo pide que no se la quiten.

Voceó, gritó. Cree que soltó algún que otro taco —nunca lo había hecho, no le gusta la gente malhablada—, pero esa vez era lo suyo, le habría pasado *al que más ni pintado*. Dijo: «Salgo de la habitación». Y los agentes: «No, Bazzi», sacudiendo la cabeza para invitarla a pensárselo bien antes de que se vieran obligados a tomar medidas. «¡Tengo que sentir la embriaguez del aislamiento! —gritó—. ¡Sentir cómo echan el cerrojo! ¡Lo que significa el aislamiento!». Luego agarró un bolígrafo y se lo restregó por las narices a uno de los agentes: «¡Ábreme un expediente, vamos! ¡Escribe! ¡Escribeee!». Estaba fuera de sí, no conseguía calmarse, e incluso ahora, mientras lo cuenta, abre los ojos de par en par y aprieta los labios. Le pusieron un calmante allí mismo. El domingo la dejaron descansar y la *atliborraron* de pastillas, dos *taor* y tres *sanas* que la tumbaron, el lunes por la mañana aún *flafullaba*. Ni siquiera tuvo fuerzas para esperar en la ventana el regreso de los presos que salen de permiso, los hombres con quienes trabajaba en el taller de marroquinería, con los que queda para saludarse por la ventana.

Me hace un relato épico que cuenta la venganza de una impotencia. La inutilidad de su rebelión, la protesta que no cambiará nada, la rabia de los sometidos.

Trato de hacerla razonar introduciendo un argumento que pueda ayudarla a encontrar una explicación: quizá evitan asignarle la limpieza de la guardería a causa del crimen por el que fue condenada. Se detiene a pensarlo: «Pero si hay delitos más *atloces* que el mío y nunca han dado *ploblemas*». Se derrumba en la silla como si se hubiese vaciado, de golpe y porrazo ha cambiado de humor, de postura, de mirada. «No quiero *plingarla* más. Se han pasado». Solo hay dolor en sus palabras; sin embargo, suenan ridículas.

(Al principio era reacia a contar que me estaba ocupando de su historia, trataba de tantear cómo se lo tomaría la gente. Me avergonzaba de ella, era casi como si al hacerlo pasara a formar parte de mi historia. Pero al mismo tiempo sentía pena por ella. Yo estaba al otro lado de la barricada y me sentía superior, o mejor dicho, a salvo, porque me había salvado de un destino como el suyo. No me refiero a la cárcel y a la condena, sino a la ignorancia, la pobreza y la soledad. Cuando más tarde lo entendí, me acometió un sentimiento de culpa que oculté tras el propósito de redimirla a través de la escritura).

«¿Estás preocupada?», le pregunto en voz baja. Me gustaría cogerle la mano, pero solo de pensarlo me echo para atrás, necesito la protección que solo la distancia puede darme. «Ya verás como todo se arregla», le digo en un torpe intento de reconfortarla. Le basta una mirada para desenmascarar mi condescendencia. Puede que tenga fantasías épicas, lagunas de memoria y un lenguaje disparatado, pero sabe cuál es su situación y sabe cómo se siente. Llora: «Tú no lo entiendes. Date cuenta de que es muy importante. Porque nosotras somos las presas. Para nosotras, la vida ahí fuera es muy dura». Callo. «¿Qué hago mal? ¿Tengo que trabajar estas cosas?». Me mira y no sé qué responderle.

Nuestras entrevistas cambian, la relación se transforma. «Ahora me desahogo contigo como con el capellán», me dice un día de noviembre. No puedo marcar límites, es ella quien los desplaza a su antojo. Trato de colarme por los resquicios que deja para comprender todo lo que pueda y acotarlos. Ella no esconde su intención de utilizarme, lo hace tanto de manera explícita como con sutileza: «¿Podrías decirle a la abogada que necesito yogur, bresaola y unas manoletinas cómodas?». «¿Qué pasa ahí fuera? ¿Los periódicos hablan de mi historia?». Incluso cuando es amable —conmigo, con las agentes que la escoltan—, siempre presiento un intento de complacer, de congraciarse con el interlocutor.

Otras veces me arrolla con una avalancha de historias sin sentido, sin tema. Me anega en sus palabras para descargar la ansiedad, para impedir el diálogo. Debo luchar contra la antipatía que me suscita, mantener a raya la molestia que me causa.

Un día me informa de que otro preso «famoso» como ella está haciendo un libro: «Su escritor viene tres veces por semana». La dejo hablar. «Los sábados, los domingos y a mediados de semana, creo. Y hablan hasta las ocho y media de la noche». Es su manera de exigirme que le preste más atención, y hace que sonría. Me esfuerzo por reprimir cualquier expresión involuntaria de mi cara. Si se diera cuenta, se enfadaría. Nada la humilla más que sentirse ridiculizada.

Le pregunto cómo hacen con los permisos.

—Viene al módulo, porque el de hombres es otra cosa. ¿Por qué no vienes alguna vez al de las mujeres? Y tráete esto —dice señalando la grabadora.

Quiere una porque, sola en su habitación, podría contar cosas, mentiras y verdades a medias, acerca de su vida en la cárcel y de su vida anterior, mezclarlo todo y escribir un libro.

—Me gustaría que lo escucharas. Luego lo *mesclas*. Pero es una fantasía.

La semana siguiente, retomo el hilo.

—Creo que voy a solicitar el acceso al módulo femenino.

Y ella, a bote pronto:

—No, no puedes subir —me dice; acto seguido, picada, añade—: La sala de entrevistas ya no está y no puede subir nadie, solo el del ministerio. —Y antes de que pueda replicar—: Ni siquiera pueden hacerse fotos.

Hace cuatro meses que la visito y para ella sigo siendo «la chica».

La situación en la cárcel se desbloquea lentamente, el equipo se ha puesto manos a la obra para actualizar y resumir los documentos necesarios para acceder a los beneficios previstos en el artículo 21, por el que ella tanto se desespera. Su impaciencia no se ha mitigado: «Necesito el 21, necesito un sueldo porque no tengo a nadie que me mantenga». La abogada se preocupa por ella, los padres de la abogada le llevan paquetes con todo lo preciso: comida, gafas graduadas, zapatos, varias clases de jabón. Pero no digo nada.

«He pensado que a lo mejor no me mandan a la guardería por culpa de los periódicos. El *ploblema* son los periódicos, que luego escriben que Rosy Bazzi trabaja en la guardería. Por lo del crimen que dicen que cometí y eso, ¿sabes?».

Ha hecho suya la observación que le hice; así se prepara para la eventualidad de que le asignen las oficinas, la digiere y la convierte en algo pasable, a pesar de la reserva inicial, de su resistencia a aceptarla.

> Es vulnerable
> no sabe distinguir quién la quiere de quien quiere hacerle daño
> puede acabar entre las garras de cualquiera
> en un abrir y cerrar de ojos se pone triste y se enfada
> hay que protegerla de sus estados alterados, depresivos
> de su propia sugestionabilidad
> de su retraso,

dicen los abogados.

En la práctica: es ella la que decide. Para no herirla —para no sentirme culpable—, acepto seguirle el juego. De este modo, me dejo dominar por su inferioridad, como los abogados, como acaeció en el juicio de primer grado. Ese es el poder que ejerce sobre mí —la dictadura de la fragilidad—, el enredo. Siento que me quita el aire pero no consigo escapar. La rabia, la impotencia son mías.

A pesar de la naturaleza de nuestra relación, se establece un vínculo. Asimétrico, y en consecuencia desigual, pero real. «Es bonito esto, porque... ¿cómo te diría? En el sentido de que aquí dentro podemos comunicar, yo hablo por los codos y me olvido de muchas cosas, contigo, en cambio, puedo decirte: recuérdamelas. Tú te acuerdas por mí».

Cuando franqueo la última barrera, tras haber recogido el móvil, voy a buscar el coche al aparcamiento. Me tumbo de lado en el asiento de atrás y cierro los ojos. Dejo que mi cuerpo, libre de la trampa de la cárcel y de ella, se vacíe en el silencio del habitáculo. A veces lloro.

Una mañana de principios de diciembre. Indignada —en el fondo halagada—, quiere desmentir una noticia publicada en la prensa. Está harta de ser la comidilla de los periódicos, ¿qué tiene que hacer para pasar desapercibida? Un artículo, que se inspira en algunas cabeceras digitales, le atribuye un amante en la cárcel. De devoradora de niños a devoradora de hombres, así la describen. Pero solo son amigos, buenos amigos, y a él la noticia le sienta tan mal como a ella. Trabajaban juntos en el taller de marroquinería, se hacían confidencias, eso es todo. Los presos con los que trabajaba también tienen dentro a sus mujeres y ella nunca se ha peleado con ninguna —entre mujeres es fácil que ocurra—. Es más, las mujeres de esos presos le preguntaban si necesitaba algo, lo cual no es frecuente en la cárcel. Le decían: tú aquí eres *contada* —respetada, es más: considerada—. Lo último que necesita ahora es ese rumor, que le ha dolido, pero conseguirá descubrir quién lo ha *corrido*, porque en la cárcel todo acaba sabiéndose. Es cierto que ella quiere que él forme parte de su futuro, pero fuera, en lo laboral, para demostrar a los magistrados que a ellos no les asusta el trabajo duro. Los del taller se han organizado en una cooperativa, han alquilado una nave y van a contratar gente. Su plan es acceder a los beneficios del 21 y trabajar con ellos, gratis, durante los permisos, porque por ahora no pueden pagarle un sueldo.

Él ya le ha preparado una mesa cerca de la suya, como antes, cuando le enseñaba a pensar con su propia cabeza: «Usa la cabeza, para eso la tienes, ¿no?», la espoleaba. Si ella no sabía hacer una bandolera, un forro o una costura, él siempre la dejaba probar. ¿Que llegaba nerviosa? Le preparaba un *risotto* de pescado —le encanta—, que le salía buenísimo. Incluso ahora, si se queda sin jamón, él se lo trae de fuera; la saluda desde la ventana, y aunque esté ocupado le escribe una carta diciéndole *que no se olvida...* Todos estos detalles, estas atenciones por parte de alguien que apenas conoce y ninguna del Olindo, ¿por qué?, se pregunta. Su marido, cuando quería reformar la casa o comprar algo, no se sentaba a hablarlo con ella. Por eso empezó a darse cuenta: a este le interesa lo que pienso, caray. A ese que acababa de conocer y que no tenía nada que ver con ella. Y, claro, ella se ha *acariñado,* se ha agarrado a él. Qué amante ni qué novio. Además, hablándole en confianza le ha dicho que no cometió el delito por el que lo condenaron, que le tendieron una trampa. Era un delincuente, un ladrón, pero no mató a nadie. Soy como tú, le dijo jurándole que nunca le había hecho daño a nadie. Entonces ella le pidió a su abogada que se ocupara de su caso, porque cumple cadena perpetua pero es inocente, como ella.

Cuando lo nombra, se enciende. Me la imagino en compañía de ese hombre, a la vista de todos, en la cárcel y fuera. Su enamoramiento me causa una vergüenza incontrolable.

La abogada afila los labios mientras habla en un murmullo: «El juez de vigilancia penitenciaria me puso en guardia: ¿por qué se acompaña de ese preso conflictivo?». Teme que se aproveche de ella para sacarle algo. Un día se presentó en el bufete y dio a entender que tiene a Rosa en un puño y que puede influir en sus decisiones.

«Si te enteras de que le pide dinero o cualquier otra cosa, avísame enseguida. Porque ella ya se ha hecho ilusiones, está a merced de sus sentimientos y él la lleva por donde quiere».

A veces, cuando la abogada vuelve a casa tras una visita, se pregunta cómo es posible que Rosa se deje embaucar por el primero que pasa. Luego se tranquiliza. Es la enésima confirmación del motivo por el cual se declaró culpable a pesar de ser inocente.

A media voz, evitando mi mirada: «Hará un año que no voy a la cárcel de Opera a ver al Olindo. No me gusta la actitud que tiene conmigo». Él no puede desplazarse porque está en el hospital penitenciario. Cuando los condenaron le dio un pequeño infarto y desde entonces el corazón no le funciona bien. «Además, ahora lo visitan sus hermanos. Mira, por ponerte un ejemplo, una tontería: se ofrecieron a venir a verme a mí también, y ¿sabes qué me dijo él? "Ni se te ocurra". Es celoso. Contigo, que nunca me acuerdo de cómo te llamas, hace lo mismo, quiere saber de qué hablamos y qué te cuento». La última vez que hablaron él le pidió saltarse la llamada semanal porque tenía que llamar a otra persona. Ella ni siquiera le preguntó a quién, le da igual, no quiere saber nada. Él siempre lo decidió todo: los muebles de la casa, el coche, la autocaravana, incluso el largo de su melena.

Le pregunto por qué lo consentía. «Porque yo soy así, no me gusta estar sola. La soledad me pesa. Porque aunque sea un lío, con las personas aprendes a hablar, aprendes muchas cosas». Llora, la dejo llorar. «De ahora en adelante quiero mirar al futuro, y él es el pasado. Es un pasado con el que estoy muy enfadada». Se enjuga las lágrimas que le resbalan por las mejillas. «Él es, en gran parte, responsable». Me mira: «Me metió aquí dentro. No sé cómo le vino a la cabeza soltar cosas que no eran verdad... La cadena perpetua te despierta», suspira. Hay noches en que no duerme y vuelve atrás, a aquel día, porque le cuesta digerir las cosas y en su fuero interno no quería aceptarlo. Pero siempre llega a la misma conclusión: está chupando cárcel por la cara, por culpa de su marido. Cuando lo entendió, todo se acabó.

Le digo que Olindo no le ha echado la culpa, se la ha echado a sí mismo. Y cuando la enfrento al plano de la realidad, tuerce la boca, resopla, aparta la mirada. ¿Por qué confesó la primera?, pregunto.

Se deja caer en la silla: «Querían separarnos, me asusté. Fue un mazazo. Tú no lo entiendes». Le doy un pañuelo, se suena la nariz ruidosamente, hasta el último residuo. «Aquí en la cárcel se me ha abierto una nueva perspectiva, la de *emplender* el vuelo, la de luchar para conquistar algo. Lo he trabajado muchos años con la psiquiatra. —Y más tranquila—: Yo lo llevo dentro como los borrachos, ¿sabes esos que beben, lo dejan diez años y luego les basta un caramelo de licor para volver al túnel? Bien, pues no quiero entrar de nuevo en el túnel».

Busco vídeos en la red. Durante el juicio de primer grado, se sienta en el banquillo de los testigos, enflaquecida, asustada, vestida con un jersey de color vino. Son sus únicas declaraciones públicas. Con los hombros vencidos, enristra palabras y pausas, titubeos.

—El Olindo y yo no subimos, no hicimos nada. De poco sirve decirlo ahora, con todas las declaraciones que nos hicieron hacer [...], porque dijeron que si no decía lo que tenía que decir, que está todo escrito, no volvería a ver al Olindo. Él lo es todo para mí, porque me ayudó en los momentos difíciles y sigue ayudándome. Me dijeron que subían al Olindo a un furgón y que no lo volvería a ver. En aquel momento les dije: "Decidme lo que queréis que diga, pero no os llevéis al Olindo". [...] No fuimos nosotros [...]. Solo pido que no nos separéis, que no nos *lejéis* el uno del otro, solo eso.
—¿Eso es todo?
—Sí.
—Puede volver a su sitio, gracias.

Era imposible herirla; aquel día, en el asiento de los testigos, estaba hecha polvo.

La luz se refleja sobre la gran mesa, los caramelos brillan. La abogada se levanta de la silla, se quita la chaqueta, la cuelga en el respaldo. De pie, delante de la ventana, sus finos cabellos se disparan en el aire en todas direcciones, electrizados. «¿Quieres saber cuándo se genera la fricción con Olindo?». No titubea, ha recuperado su naturaleza franca: «Ella nunca lo admitirá: cuando la familia de él empieza a visitarlo. Tiene celos. Por eso le mandé a mis padres, con el pretexto de la comida y la ropa».

Se niega a ir a verlo a la cárcel de Opera por despecho, a él y a su familia, que no la tiene en consideración, al destino que, a pesar de sus esfuerzos, siempre la aboca a la soledad. De nuevo, una protesta.

A los dos defensores les preocupa, y mucho, que a Olindo le llegue algún rumor. Él no pregunta, hace tiempo que teme la respuesta. Prefiere engañarse y atribuir su ausencia a los problemas de salud, a la lucha por obtener los beneficios del artículo 21, a sus cambios de humor.

Rosa está furibunda, le digo, lo considera responsable de la confesión y, en consecuencia, de la condena.

La abogada exhala, se libera de una tensión, de un pensamiento retenido: «Es intensa. Estos años de representación han sido duros. No es un cliente como los demás, te aturde, te consume. Está buscando continuamente enemigos, quizá para no pensar en sus problemas».

O quizá se ha sentido traicionada por la persona a la que había encomendado su integridad, su salvación. La borrosa frontera, continuamente fluctuante, que separa la confianza de la dependencia. Sin embargo, hay algo más terrible que ser dependiente: dejar de serlo.

Le pregunto si es posible que Rosa también fuera infeliz antes, que se sintiera poco apreciada por él. La abogada sonríe: «Rosa es capaz de reescribir el pasado a la luz de un nuevo presente inventado. Olindo es un hombre fiel, nunca he conocido a nadie como él». Me habla de las escuchas efectuadas en casa de la pareja en los cinco días que siguieron al crimen. Han desaparecido. De hecho, los jueces de primer grado, confundiendo su ausencia con un silencio intencional, escriben que los cónyuges son sospechosos porque nunca mencionan el crimen, cuando todos a su alrededor —vecinos, periodistas, fuerzas del orden— no hacen más que preguntarse qué pasó. En realidad, las escuchas disponibles, del 16 de diciembre en adelante, muestran a dos personas preocupadas por su propia seguridad, compasivas con las víctimas, esperanzadas en que todo se aclare pronto. En lo que puede oírse no hay nada penalmente relevante, solo la atmósfera de su vida en común:

21 de diciembre. Olindo cocina mientras Rosa se lava el pelo; ven *¿Quién quiere ser millonario?*; llenan el lavaplatos; se gastan bromas, se llaman «bobo» y «boba», ríen.

22 de diciembre. Rosa propone ir a pasar el Fin de Año a la montaña en autocaravana, pero no tienen cadenas para viajar en invierno; al día siguiente, Olindo se informa del precio de las cadenas.

29 de diciembre. Olindo canta en el coche, acompaña a Rosa al trabajo y la va a buscar; ella le cuenta cómo le ha ido el día.

30 de diciembre. Pasarán el Fin de Año en casa, da igual, de todos modos no hay nieve y las cadenas cuestan demasiado.

1 de enero. Olindo prepara el calendario de los gastos anuales; en enero tienen que pagar: el canon de la televisión, el impuesto de circulación, la electricidad y el gas, cuatrocientos euros en total; los dos meses peores son enero y mayo,

mayo aún peor porque también está la tasa de residuos y el seguro y el impuesto de circulación de la autocaravana.

2 de enero. Olindo se prepara un café con leche, le pregunta a Rosa si quiere algo, ella lo riñe porque «se pasa el día comiendo»; comentan qué producto es mejor para el moho.

4 de enero. Olindo canturrea, Rosa pasa el aspirador. Hablan sobre los problemas de algunas de sus plantas y sobre cómo resolverlos.

Centenares de audios, algunos breves, otros brevísimos y otros lo bastante largos para escuchar el movimiento de los cuerpos, los suspiros, las caricias. Ni un portazo, ni una silla apartada con rabia, ni un golpe de cuchara en el fondo del plato, ni una mala palabra, ni uno de esos silencios hostiles que anuncian pelea, ni una pelea. Dos personas cómplices que se sostienen mutuamente.

Él le escribe desde la cárcel:

> son las doce y media de la noche, llueve mucho, estoy preocupado por nuestra casa, cariño
>
> aún no tengo una foto tuya, pero me basta con cerrar los ojos y te veo tan guapa como siempre. Me gustaría abrazarte, pero es solo una ilusión, un momento bonito que se desvanece y reaparece cada vez que cierro los ojos.
>
> A menudo no te he comprendido, no entendía tus problemas, en el fondo solo necesitabas que te demostrara mi afecto, ahora lo entiendo

tú y yo con nuestros pequeños secretos, que al final nos contábamos, que eran un juego para nosotros

sábado, un día triste

adiós, Rosa, amor mío, hoy no tengo nada que contar, siento tu sufrimiento como tú sientes el mío

en el aislamiento de la celda de este manicomio tú eres mi único consuelo, mi única razón de vivir, te quiero, Rosa

sabía que no podía vivir sin ti, Rosa, no puedo, es terrible pero no puedo, es sencillamente la verdad, no puedo. Tú y yo lo sabemos

deja que nuestros pies conozcan una vez más el rocío de la mañana sobre la yerba

la muerte no nos da miedo porque poseemos la fe y la dignidad de seres humanos, aunque el mundo nos considere basura

te lo ruego, amor mío, acuérdate de nosotros

no estoy seguro de por qué confesé. Estaba en un atolladero, me sentía confundido y necesitaba fiarme de alguien... Pero tú eres la única persona que ha hecho el mundo real para mí. Para muchos siempre seremos los malos. Pero nosotros nos queremos, Rosa, y eso nadie puede quitárnoslo.

Siempre tuyo, Olly

Rosa. La vi cruzar el patio con la bolsa de la compra. Vi su primer plano, la vi hablar de cosas íntimas, violentas; y también la vi en la jaula del tribunal, indefensa, pequeña entre los brazos de él. Creía que conocerla personalmente permitiría coser todas esas imágenes discordantes, separar los hechos de los rumores, aislar el efecto de la lente en la visión. Y si no fuera bastante, hurgaría en la investigación, en el discurso jurídico, en la enorme cantidad de reseñas de prensa, en los escritos de Olindo, en el material que se encuentra fácilmente en todas partes.

La cercanía, en cambio, ha ofuscado el cuadro. Rosa no se ajusta a ese papel. Se niega a encarnar a la víctima porque no posee sus características: es petulante, protestona y alborotadora. No se esconde. Su figura es una molestia que se resiste a desaparecer del fondo. Me obliga a recuerdos inconstantes, a vacíos y a informaciones no fiables, a hechos contradictorios irreductibles a la síntesis, a su caos. Para no quedarme atrás, me veo obligada a renunciar a la claridad de la lógica, a rendirme a una realidad que se compone de retazos.

Alrededor del 20 de diciembre. Voy a despedirme de ella antes de las vacaciones de Navidad, le llevo una caja de bombones y sonrío solo de pensar en su entusiasmo infantil. Se sienta, tiene mala cara. ¿Te has cortado el pelo?, le pregunto. Te sienta bien el color de este jersey, ¿es nuevo? Como única respuesta, interjecciones de asentimiento. Luego, finalmente: «Ha muerto —dice cortando el aire de un sablazo—, atropellado en la carretera provincial, el domingo por la noche cuando regresaba de un permiso. El 2 del mes que viene iba a salir con la condicional».

Está desesperada, profundamente trastornada. Dice que en la cárcel todo el mundo le ha dado el pésame: «Erais como gemelos, no podíais estar el uno sin el otro». Dice que él tenía que solucionar unos cuantos asuntos porque quería pasar la Navidad con ella. Esa misma mañana le había mandado un beso desde la ventana. Llora.

Acerco mi silla a la suya, le pongo una mano en el hombro.

«Me ha dejado sola. No puedes imaginarte la de cosas que me había prometido». La necesitaba, esperaba como el santo advenimiento que le concedieran el artículo 21, porque el trabajo se había puesto en marcha. Iba a alquilarle un pisito, a enseñarle Milán por primera vez. Te quiero, Rosy, le escribió en su última carta, tres folios, lo cual no era propio de él, que siempre escribía dos, nunca más de dos. Tenían planes. En su corazón solo había sitio para ella, punto. Por él empezó a vestirse bien —no con el chándal, como todos los presos—, a arreglarse el pelo. De vez en cuando le regalaba algo nuevo, zapatos, vestidos. Ella los guardaba para cuando salieran juntos. No se resigna. Se siente vacía.

«El lunes por la noche pensé: yo también quiero morir, pero luego me dije para mis adentros, pero ¿por qué voy a morir?, ¿por qué voy a dejarlo todo? Entonces pensé: tengo que luchar».

Vuelvo a los dos vídeos. En el dramático, que todo el mundo llama «de la confesión», viste un jersey rosa de lana mezclada y hace mímica, gesticula, se desespera. Era objeto de interés público y a favor de ese interés representó la escena a fondo, con la entrega de quien se siente protagonista por primera vez. Aquel antiguo dolor se solapa con este, con la pérdida de una historia de amor que solo ahora descubro que lo era. Tiene el mismo origen: una vida interior impregnada de la necesidad de ser reconocida. Entonces, una asesina feroz; ahora, una viuda inconsolable. Por primera vez alguien además de Olindo —un marido no es suficiente por sí solo para dar sentido a la vida— es testigo de su existencia.

El segundo vídeo es menos teatral, más sutil y revelador; el fragmento emitido cien, mil veces en todos los canales: ella en el patio detrás de la verja, mirando con soberbia el objetivo. Mucho antes de cualquier juicio, una concreción en la memoria de un país. Fue la memoria de ese país la que la situó en el mundo. Rosa se ofrece a su mirada e intercambia su inferioridad con una masacre, la única dimensión trágica posible en su vida.

Una semana después. Se encoge de hombros, hace largas pausas en las que se emboba mirando por la ventana. «Las últimas noticias han sido como un jarro de agua fría, me han dejado hecha polvo». Él le dijo que lo habían condenado a cadena perpetua por haber encubierto a su hermano, en cambio ahora los periódicos escriben que fue él, hay pruebas. Me las refiere con frialdad, haciendo pausas. Su voz es monótona, sin tesitura ni énfasis, como si hablara desde una distancia conquistada.

De repente: «¿Es verdad eso que dicen?, ¿que tenía pareja?». Y sin esperar respuesta me dice que no se lo cree; si la tenía, ¿por qué le escribía cartas?, ¿por qué le había alquilado un piso cerca del local? Además, ¿cuándo la conoció? No tuvo el tiempo ni la oportunidad de hacerlo. Todo es mentira, envidia de las personas malas que la rodean. Le gustaría ver a esa mujer con sus propios ojos.

La amarga pensar que cuando murió estaba enfadado con ella porque no había luchado lo suficiente por el artículo 21. Llora en silencio. Él fue el primero que hizo que no se sintiera una tonta, que le hizo comprender que ella también valía algo. Se casó a los veinte años para salir de su casa. Luego Olindo no se avenía con sus padres y empezaron a espaciar las visitas y el contacto. Más tarde pasó lo que pasó. En su casa le echaban la culpa a él, y ella, para defenderlo, se alejó de su familia. Todo por un hombre que acabó abocándola a prisión. Habla para sí misma, un monólogo para un público imaginario.

Pasó las suyas, también a causa de la familia de él, que no la aceptaba. Se enjuga las lágrimas con la manga del jersey. «No sé cómo no me he muerto de un infarto. Puede que la cárcel me haya sentado bien, que me haya alejado de todo, incluso de mi casa; mi casa me importaba, pero creo que el buen Dios me puso aquí dentro porque quizá ya estaba muerta. A veces me miraba al espejo y era más vieja de lo que era en realidad. No sabía peinarme, ponerme una crema, nada. Ahora, en cambio, esas cosas me importan, quiero construir algo». Llegará su momento, su artículo 21, su sueldo. Y les demostrará a todos de lo que es capaz.

Ya no llora. Cambia de postura, cambia el tono de la voz, como si hubiera entrado de repente de la habitación contigua. Reaparezco en su campo visual.

El otro día, una presa que es testigo de Jehová —para ella, dice, la religión es como una pasta, los hombres la separan en testigos de Jehová, musulmanes, judíos, cristianos, pero el Señor es uno solo— le dijo que si rezaba de cierta manera él regresaría y podría volver a verlo. «A ver, por favor, acabo de tomarme las gotas para dormir, hago como si ya durmiera y no te hubiera oído».

Su sueño se ha desbaratado. Desatendida, ignorada, menospreciada y pisoteada, había conseguido sentirse fuerte gracias a la mirada del hombre cuya muerte ha revelado el engaño. ¿Logrará soportar el golpe? El miedo a que pueda hundirse de nuevo en el vacío de la pérdida de sí misma, de su propia desaparición —invisible: la única experiencia de su vida hasta la masacre— es grande; la abogada y yo temblamos de pensarlo.

A los pocos días. «Su novia ha hecho declaraciones. Están en los periódicos. Ahora me he convertido en la amante. De la prensa de sucesos a la prensa del corazón». Todos meten su cuchara, pero la amistad que los unía se limitaba al trabajo conjunto, al proyecto laboral, una vez fuera. Cuando cerraron el taller, él le pidió dinero y ella no se lo dio, así que quizá estaba con esa mujer por eso. Ahora se da cuenta de que solo quería su amistad por interés. Se siente usada y eso le duele, porque ella es así, si pierde la confianza lo pierde todo. Por las noches, en su habitación, piensa. A pesar de que su instinto la puso en guardia —desde el principio notó que algo no encajaba—, se dejó llevar. Tiene que aprender a escuchar lo que siente dentro, a no acallarlo. Como pasó cuando no quería confesar y se dejó arrastrar por Olindo. Ha habido dos hombres importantes en su vida y los dos la han engañado. Por culpa de uno acabó en la cárcel, y el otro se *plovechó* de ella.

La celadora nos llama, está lista para acompañarla de vuelta al módulo femenino. En el pasillo, mientras esperamos un momento, Rosa me señala desde la ventana un ala del edificio: «Mira, ¿ves aquel plástico, en el primer piso? Era nuestro taller de marroquinería». Suspira. No debió esperar a que él muriera para despertarse del sueño. Le decía que la quería, caramba, quería que ella formara parte de su futuro y él ya tenía un futuro con otra. Siempre se fio porque ella es limpia de corazón; pensaba que él también lo era, en cambio fingía.

Su gran ilusión se ha desvanecido, pero Rosa ha encontrado algo firme a lo que agarrarse. Su vitalidad es inagotable, la fuerza que reivindica ya está completa y presente en ella, junto a su poder reparador.

Recorro la carretera que comunica la gran ciudad con el lago en busca de su casa. En la última parte del trayecto cruzo pueblos separados por zonas industriales. Orden y limpieza por todas partes; son agradables de ver, tranquilizadores, sin embargo me oprimen: evocan propiedades vigiladas, control ininterrumpido.

Cuando llego ya está oscuro, la plaza está vacía. Observo cómo mi aliento ocupa el aire y desaparece al exhalar e inhalar. A mi alrededor, un ambiente espectral. Me cuelo en el patio por la verja que han dejado abierta. Me encuentro frente al portón verde del garaje, contiguo a la entrada. Imágenes vistas mil veces en las grabaciones que al natural son más pequeñas; la diferencia provoca una ligera desorientación.

Imagino, tras la puerta, el sofá blanco, la cama de estilo rústico, la cocina ordenada, los minuciosos gestos de ella, cotidianos e infatigables, mientras cuida su nido; dándolo todo por la casa y por él. Allí, de pie a la intemperie, esa entrega se me antoja una amenaza que de un momento a otro podría arrastrarme dentro de los muros domésticos, como hizo con ella.

En un flash la veo de niña, como en la foto en blanco y negro, sentada en el pupitre del colegio. Aprieta los labios en un gesto mudo. Le busco los ojos. Es difícil saber qué piensa, qué sueña, cómo se imagina su futuro, los años que la separan de la masacre.

La niña que habla como un loro, que mantiene a raya a los abusones y que no hay manera de que aprenda a escribir; que tres años después trabajará de criadita en casa de las familias bien de la provincia; la niña a la que un hombre violó una tarde al volver del colegio. Así fue como ocurrió, mientras iba por la calle, cuenta la madre de Rosa en una entrevista que ella no desmiente ni confirma. No hay indicios acerca de la identidad del hombre, si era un vecino, un desconocido o un pariente. «Nunca se supo, no se sabe. Además, no me acuerdo, pero es una historia real. Ha pasado mucho tiempo —dice la madre—, trato de olvidarlo».

Se ha hecho de noche cuando regreso a la ciudad, ha bajado la niebla. Me pierdo sin darme cuenta. Hay soledad, silencio, disfruto conduciendo sin presiones, sin prisa por encontrar el camino. Emboco una avenida amplia, o eso me parece, y de repente, en el horizonte compacto, aflora el morro chato y ennegrecido de la Stazione Centrale.

Al final, nosotras, juntas en la cárcel. Trae consigo una carpeta de plástico transparente, se sienta: «Hay cartas». Se la lleva al pecho: «Han salido a la luz cosas que no sabía, cosas malas. Han descubierto quién *disparció* la noticia... se dice así, ¿no? En fin, quién dio a los periódicos la noticia de la amante.
—Me mira, a la espera de que reaccione—: Fue él. Cuando me pidió dinero y no se lo di, a los pocos días salió esto». Tiembla, la voz se le quiebra, ahogada por la pena. Saca, con cuidado, algunos sobres. Abre uno y me da una carta: «Esta es de su pareja. Léela en voz alta, así yo también puedo oírlo».

Llego al final fatigosamente, presa de un azoramiento que va en aumento.

«Sé sincera, dime qué piensas».

Acabo de leer las palabras de una mujer que se declara enamorada de su pareja, con quien proyectaba casarse; que llama «compasión» al sentimiento de él por Rosa y que la invita a no hacerse ilusiones, a rezar, a acercarse a su marido. Dejo pasar unos segundos, balbuceo algo y enseguida me interrumpe, salvándome; en el fondo no quiere mi opinión, quiere que la presencia de alguien la contenga.

«Lee esta». Otra carta, esta vez de él, de octubre del 19. Palabras afectuosas, sutilmente alusivas. Halagos fáciles de ser malentendidos en el barullo fantástico de Rosa. Llora en silencio. Meto la carta en el sobre, lo dejo en la mesa. Le acaricio despacio una rodilla.

Se suena la nariz, suspira: «Lloro por nuestro proyecto del taller fuera de la cárcel. Luego conoció a esa. Nunca me dijo que quería casarse con ella. Yo sé, en el fondo de mi corazón, cómo era él. —Una pausa—. ¿A ti qué te parece? ¿Yo le importaba?». Por lo que escribe parece que sí, le digo sintiéndome libre de mentir. «Tengo otras muy diferentes, *las tengo muy consideradas*. Las guardo para mí». Me alivia que no quiera hacérmelas leer. «Me apena tanto que me arrastrara con su rabia... Habló de mí en los periódicos, para hacerse notar, me hizo daño. Si me dejaba en paz, puede que yo siguiera con mi pensamiento, él con el suyo y su pareja con el suyo. Y todo habría acabado ahí».

Estoy exhausta, como si la hubiera sostenido a ella entre los brazos todo el rato para evitar que se hiciera añicos. Mueve los ojos y me mira por primera vez: está contenta porque ha encontrado a alguien con quien desahogarse. Dice que a pesar de su estupidez es consciente de que tiene problemas y de que le cuesta comunicarse, peor cuando está nerviosa y se le cruzan los cables; pero cuando nos vemos, con calma, yo entiendo lo que piensa y le paso las palabras. No estamos en la iglesia, pero es como si lo estuviéramos, porque cerramos la puerta y ella puede llorar, reír, gastar bromas. Es un momento en el que se dedica a mí, es como si se vaciara. A mí no tiene que esconderme nada; si no, no me dejaría leer las cartas, porque podría salir de ahí y contárselo a los periódicos, pero está segura de que yo nunca le haría daño.

Fuera, el aparcamiento es aún más inhóspito, indecente. El volante está helado, así como el habitáculo. Ahora sé que el libro es imposible. Para escribirlo debería traicionarla, y me falta valor. Decido echarlo todo por la borda y liberarme del tormento que me aflige desde hace meses, de la perspectiva de volver a la cárcel todas las semanas y dejarme arrollar por su vida. Envidio a los abogados por su posición clara y por el fervor y la tenacidad con que se ocupan de ella. Yo ya no tengo un papel ni intenciones dignas. Me he dejado arrastrar a la oscuridad, donde los límites se difuminan y los pactos se rompen.

La palabra que sana solo puede formularse
en la completa adhesión del hombre a las cosas.

SIMONE WEIL

Vuelvo al principio, a la sala de espera que hace de antecámara antes de pasar a la sala de visitas. Estamos a 7 de diciembre de 2022. La habitación desnuda, las sillas atornilladas al suelo, el dispensador de bebidas. El capellán de la cárcel me ofrece un café, como si estuviéramos en su casa. Rosa está a pocos metros de allí, desde aquí vislumbro el bloque bajo del primer patio. Bastarían cinco minutos para verla, hablar con ella, sonreír. Me arrollaría con sus palabras, como si fuera una extensión de su pensamiento y de lo último que le ha pasado y que no entiende o que la pone nerviosa. No la veo desde febrero de 2020; entretanto, hubo una pandemia y, por fin, una prueba pericial. Cientos de páginas, test y pruebas para estudiar su funcionalidad cognitiva, de memoria y ejecutiva. El informe concluye que Rosa sufre una discapacidad intelectual leve (retraso mental en la vieja nomenclatura): en los test que miden la capacidad de apreciación y abstracción, produce extravagancias, esto es, respuestas extremas, desligadas de la realidad («¿Cuántos kilos puede levantar un atleta que practica levantamiento de pesas?». «Ocho»).

Los psiquiatras consideran que esta discapacidad es la responsable de que Rosa no haya aprendido a leer y a escribir, a dar su fecha de nacimiento, a distinguir la izquierda de la derecha, a comprender la relación entre causa y efecto; un alto nivel de aquiescencia y propensión a la fabulación (es decir: producción no intencional de contenidos fantásticos para colmar las lagunas de memoria); dificultad para apreciar las consecuencias penales de sus propias declaraciones; complacencia; sugestionabilidad; vulnerabilidad. Presenta, además, un trastorno de personalidad dependiente que la lleva a someterse con más facilidad que los demás, especialmente si se trata de personas significativas con las que quiere preservar la relación. De ahí la relación simbiótica con Olindo. De ahí la facilidad para dejarse manipular y sufrir abusos.

La mirada analítica de la clínica enfría una vida e ilumina a Rosa con una claridad despiadada.

De repente el capellán mira a su alrededor y me dice: «Estamos en uno de los sitios más sórdidos que el hombre ha imaginado». Espera mi reacción. Sí, respondo, y tiendo un puente invisible entre nosotros. Me habla de su trabajo en la cárcel y de cómo se ha convertido prácticamente en un suplente. Él es la figura más cercana para los presos, que le piden de todo: relojes, pilas, despertadores, pólizas, tabaco, tarjetas de felicitación navideñas, auriculares. De esta forma su trabajo corre el riesgo de desvirtuarse, por supuesto. Le toca a él aprender a transformar esas relaciones funcionales en otra cosa, le toca a él no perder de vista el objetivo. Lo miro, tiene un aspecto consumido. Al menos una vez por semana siente que se pierde la sustancia de su labor: «Depende del sentido que le doy a las acciones, depende de la intención».

Sus palabras resuenan y calan hondo en mi interior.

En la cárcel te quitan la vida poco a poco, el delito se paga con el tiempo; las personas se resignan y luego se apagan del todo. Con Rosa es diferente, dice, ha encontrado una pista en este engranaje infernal y ha conseguido dar algunos pasos hacia la emancipación. Por supuesto, cuenta mucho quién te espera fuera, quién ya no te quiere, los recursos personales y materiales. Rosa tiene pocos. Pero tiene fe, una fe muy suya —es muy suya en todo—, intensa, que le mantiene abierta una perspectiva.

«Creo que el Señor la acepta tal y como es, al igual que a todos nosotros». Ese «nosotros», con su poder benéfico, hace que sonría, y el capellán parece notarlo porque su conversación se hace más íntima. A los cristianos no les gusta que les digan que no son en absoluto diferentes de un preso, porque tienen la convicción de que ellos nunca le harán daño a nadie. Es una operación defensiva, pero dramática. Suspira. Todos sabemos hacer daño, de ahí que la cárcel se convierta en un enorme remordimiento donde ocultamos a la vista lo que más nos asusta.

Él también rechazó esta idea —saber hacer daño— durante mucho tiempo, porque es un sacerdote, porque siempre se ha considerado una buena persona. A lo largo de los años ha aprendido a aceptar que él también ha hecho sufrir a sus seres queridos, y eso no tiene vuelta atrás. Hay niveles sutiles donde una mirada o una palabra tienen su peso. Atentar contra la dignidad, calumniar, manipular… también son maneras de destruir a un ser humano. Todos necesitamos el perdón que restituye la posibilidad de vivir, de no acabar aplastados por lo que hicimos. Despertarse de noche, solo, darse cuenta de que estás en la cárcel y recordar lo que hiciste y sus consecuencias: esa es la condena, la señal de Caín. Él ni siquiera puede imaginar lo que soportan los presos. Por eso su labor no hace distinciones entre inocentes y culpables y se concentra exclusivamente en el presente. El perdón y la compasión —las víctimas y sus familias no pueden ser olvidadas— forman parte de la justicia, de lo contrario la pena no es más que una perpetuación del mecanismo, de lo contrario la cárcel se convierte en un vertedero de basura. En su vértice, la fe coincide con una visión laica, simplemente humana.

Esa noche, acunada por la calma de la madrugada, me sereno por primera vez en meses.

Hoy está tranquila, me dicen los abogados. Al final ha podido acceder a los beneficios del artículo 21, limpia las oficinas de los funcionarios de prisiones. Tener un papel en la cárcel la gratifica. No le gusta que no la dejen salir y espera que pronto le concedan los permisos, porque quiere visitar Milán, *el túnel de cristal*, donde están las tiendas de los *riquísimos*.

Al principio de nuestra última conversación nos saludamos con un beso en la mejilla. Suspendidas en una luz delicada, era como si estuviésemos sentadas en una mesa cualquiera de cualquier sitio. Mencionó de nuevo el asunto del preso, pero con serenidad. Había pasado muchas noches insomnes y al final había llegado a la conclusión de que él siempre fue un hombre frío. Puede que sus cumplidos la halagaran y que se sintiera afortunada de recibirlos, pero ahora se preguntaba cómo podía estar tan tranquilo después de haber matado, quemado y enterrado. Si él aún estuviera aquí, ella guardaría las distancias, eso es.

Su error fue seguir a Olindo y confesar. Ahora tiene que cargar con ese error, con la gravedad de sus consecuencias; a pesar de todo, prefiere con diferencia haber confesado el crimen que haberlo cometido. No logra imaginar lo que se siente al cometer realmente un crimen, puede que en ese momento ni siquiera se tenga la cabeza pegada al cuerpo.

Ha estado tentada muchas veces de abandonar la batalla legal, y otras tantas se lo ha comunicado a la abogada: basta, no puedo más. Sabe que así se alarga la condena y está cansada. Pero quiere la verdad. Le gustaría cerrar los ojos por última vez sabiendo lo que ocurrió. Y también que le dieran la posibilidad de salir, poder ver un poquito, disfrutar un poquito. Iría en busca de las personas con las que Olindo y ella solían quedar para preguntarles qué piensan ahora de ella.

Suspiró y miró al cielo, bajo y compacto más allá de los tejados.

Me contó que en una de las charlas organizadas en la cárcel había conocido a la viuda de un cantante famoso. Rosa se dio cuenta de que la miraba mientras presentaba la biografía de su marido, de que miraba en su dirección, y se sintió incómoda. Al final de la charla, la mujer se levantó —«Yo creía que era una mujerona y en cambio era poca cosa, como yo»— y se le acercó; tenía interés en conocerla porque había leído muchas cosas sobre ella en los periódicos y en internet. En pocas palabras le aconsejó vivamente que no se expusiera de nuevo, que no se fiase de cualquiera. Le contó que su marido también le había hecho daño, que muchas veces pensó en dejarlo, pero que al final decidió quedarse. Lo había perdonado. «Tienes que aprender a protegerte o los fuertes se te comerán». Le dedicó un ejemplar de su libro, y le prometió que volvería a visitarla y que a partir de ese día esperaba recibir solo buenas noticias de ella.

Fue una tarde bonita, concluyó.

Hacia el final del encuentro, sacó a colación a Olindo: una larga llamada telefónica, una complicidad alegre a propósito de la presunta separación, preocuparse por la salud de él, mandarle las camisas planchadas.

Ese día la miré mientras se alejaba de espaldas por el pasillo. Bromeaba con la celadora que la acompañaba al módulo femenino. Está alegre, está bien, pensé.

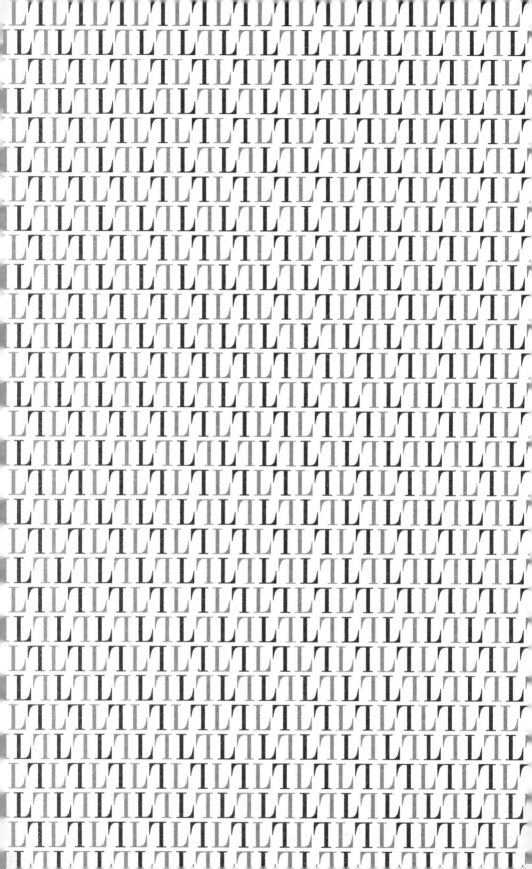